透视图解汽车构造·原理与拆装

于海东 主编

TOUSHI TUJIE
CHAIZHUANG

化学工业出版社
·北京·

图书在版编目（CIP）数据

透视图解汽车构造·原理与拆装/于海东主编.
北京：化学工业出版社，2017.1（2023.3重印）
ISBN 978-7-122-28584-3

Ⅰ.①透… Ⅱ.①于… Ⅲ.①汽车-构造-图解
Ⅳ.①U463-64

中国版本图书馆CIP数据核字（2016）第290384号

责任编辑：周　红　　　　　　文字编辑：冯国庆
责任校对：边　涛　　　　　　装帧设计：尹琳琳

出版发行：化学工业出版社
　　　　　（北京市东城区青年湖南街13号　邮政编码100011）
印　　装：北京瑞禾彩色印刷有限公司
787mm×1092mm　1/16　印张13¾　字数342千字
2023年3月北京第1版第7次印刷

购书咨询：010-64518888
售后服务：010-64518899
网　　址：http://www.cip.com.cn
凡购买本书，如有缺损质量问题，本社销售中心负责调换。

定　价：69.00元　　　　　　　　　　版权所有　违者必究

FOREWORD

前言

汽车工业发展至今，经过各种改良和创造才有我们现在所看到的蓬勃的汽车文明，汽车在我们的生活中起着越来越大的作用，同时汽车保有量也日益增多，相应的汽车行业的从业人员也与日俱增。

汽车透视图能最为直观地反应汽车的精密制造、配合关系及构造和原理，让不在汽车构造车间工作的人们以及汽车爱好者更加直观、清楚地看到汽车各部分的组成及构造，以便更好地学习和了解汽车的结构和工作原理。

笔者从事了十余年的汽车资料图书的编写工作，在工作过程中收集了大量的汽车结构透视图、系统分解图及线描图，并精心选择了目前市场上保有量居多的大众/奥迪车系相关高清图片，将其按照汽车结构特点编写，与目前绝大多数教材分类相对应。对汽车行业从业人员及汽车爱好者学习和了解汽车构造有很大的帮助。本书从基础出发，全面解读汽车构造，语言通俗、易懂，原理与图示相结合将复杂的原理图示化、图形化，力求让没有汽车基础的读者也能轻松读懂简单的汽车构造原理。

本书第1章重点介绍汽车典型分类方法，以实际车辆外观图示让读者了解什么是A、B、C、D级车以及SUV、MPV等级别汽车。第2章主要讲述汽车发动机分类构造及相关系统组成。选取了比较典型的大众EA111（1.2TFSI）和EA888（2.0TSI）、奥迪V6TDI和奥迪W12TFSI发动机，详细介绍了这些典型发动机的机械、电控系统构造及简单原理。第3章采用高清透视图及线描图介绍了大众/奥迪双离合器自动变速器、CVT（无级变速器）、行星齿轮式自动变速器以及典型的大众/奥迪车系运动型差速器的构造与原理。行驶系统、转向系统、制动系统部分同样采用高清透视图介绍了常见的悬架、自适应空气悬架、齿轮齿条和旋转球阀式转向系统、盘式制动器、陶瓷制动器、车身稳定系统等的构造、组成及原理。第4章电气部分重点介绍了汽车照明系统的LED大灯、自适应远光灯辅助系统、汽车空调系统等。在汽车空调系统中详细介绍了汽车空调的工作原理、制冷原理、冷却回路以及空调压缩机、膨胀阀、节流阀等空调系统组件的结构与原理。

本书可作为汽车院校及汽车行业从业人员学习汽车技术的参考用书，同时也适合广大汽车爱好者、汽车驾驶员等阅读使用。

本书由于海东主编，参加编写的还有邓家明、廖苏旦、曹文治、罗文添、邓晓蓉、陈海波、刘青山、杨廷银、于梦莎、王世根、邓冬梅、邢磊、廖锦胜、谭强、谭敦才、潘晓杰、李颖欣、李娟、李杰、徐三军、曾伟、刘雨晨。

由于笔者水平有限，书中难免有不妥之处，恳请广大读者批评指正。

编　者

CONTENTS

目录

第1章　汽车分类及组成

- 1.1　汽车分类　/002
  - 1.1.1　汽车车身参数　/002
  - 1.1.2　汽车分类　/003
- 1.2　汽车基本组成　/008
  - 1.2.1　动力系统　/010
  - 1.2.2　底盘　/010
  - 1.2.3　车身　/011
  - 1.2.4　电气系统　/012

第2章　汽车发动机

- 2.1　发动机概述　/016
- 2.2　汽车发动机类型　/018
  - 2.2.1　汽油发动机　/018
  - 2.2.2　柴油发动机　/020
  - 2.2.3　直列式（L型）发动机　/022
  - 2.2.4　V型发动机　/022
  - 2.2.5　VR型发动机　/023
  - 2.2.6　W型发动机　/023
  - 2.2.7　水平对置式发动机　/023
- 2.3　汽车发动机工作原理　/024
  - 2.3.1　发动机基本术语　/024
  - 2.3.2　四行程汽油发动机工作原理　/026
  - 2.3.3　二行程汽油发动机工作原理　/027
  - 2.3.4　四行程柴油发动机工作原理　/028
- 2.4　发动机构造　/029
  - 2.4.1　发动机总体构造　/029
  - 2.4.2　机体组和曲柄连杆机构　/034
  - 2.4.3　配气机构　/044
  - 2.4.4　冷却系统　/055
  - 2.4.5　润滑系统　/068
  - 2.4.6　燃油供给系统　/079
  - 2.4.7　进/排气系统　/088
  - 2.4.8　点火系统　/101
  - 2.4.9　启动系统　/103
  - 2.4.10　发动机管理系统　/104

第3章 汽车底盘

- 3.1 汽车底盘概述 /120
  - 3.1.1 汽车底盘的作用 /120
  - 3.1.2 汽车底盘组成 /120
  - 3.1.3 汽车的布置形式（驱动形式）/121
- 3.2 汽车传动系统 /122
  - 3.2.1 简介 /122
  - 3.2.2 离合器 /123
  - 3.2.3 手动变速器 /125
  - 3.2.4 自动变速器 /133
  - 3.2.5 半轴/传动轴、差速器 /169
- 3.3 行驶系统 /177
  - 3.3.1 简介 /177
  - 3.3.2 悬架 /178
  - 3.3.3 车轮、车胎与轮胎胎压监控系统 /185
  - 3.3.4 车身 /187
- 3.4 汽车转向系统 /188
  - 3.4.1 简介 /188
  - 3.4.2 转向器 /189
- 3.5 汽车制动系统 /192
  - 3.5.1 简介 /192
  - 3.5.2 行车制动器 /193
  - 3.5.3 ESP（车身电子稳定）系统 /194

第4章 汽车电气系统

- 4.1 汽车照明系统 /198
  - 4.1.1 简介 /198
  - 4.1.2 前照灯 /198
- 4.2 汽车空调系统 /205
  - 4.2.1 简介 /205
  - 4.2.2 汽车空调原理 /206
- 4.3 汽车安全气囊 /210
- 4.4 汽车电动座椅 /213
- 4.5 汽车音响系统 /214

chapter 1

汽车分类及组成

- 1.1 汽车分类
- 1.2 汽车基本组成

第1章

汽车分类及组成

1.1 汽车分类

1.1.1 汽车车身参数

如图1-1-1所示是奥迪A6汽车车身尺寸图。

项目	尺寸	项目	尺寸
车长/mm	4915	允许总质量/kg	2155
车宽/mm	1874	车内前部宽度/mm	1460
车高/mm	1455	车内后部宽度/mm	1429
前轮距/mm	1627	车内前部高度/mm	1046
后轮距/mm	1618	车内后部高度/mm	962
轴距/mm	2912	载货宽度/mm	949
牵引质量（在8%的斜坡上使用制动器）/kg	1800	装载提高高度/mm	647
空车质量/kg	1575	行李厢容积/L	470

图1-1-1 奥迪A6汽车车身尺寸图

1.1.2 汽车分类

汽车级别可分为微型车、小型车、紧凑型车、中型车、中大型车、豪华车、SUV、MPV、跑车、皮卡、微面、轻客、微卡。

（1）微型车

微型车也被称为A00级车，一般情况下，属于该级别的车的轴距在2000～2300mm之间，车身长度在4000mm之内。比较典型的微型车如奥拓、奇瑞QQ、比亚迪F0、Smart fortwo等，如图1-1-2所示。

图1-1-2　典型的微型车

（2）小型车

小型车也被称为A0级车，一般情况下，属于该级别的车的轴距在2300～2500mm之间，车身长度在4000～4300mm之间。比较典型的小型车如POLO、飞度、赛欧等，如图1-1-3所示。

图1-1-3　典型的小型车

（3）紧凑型车

紧凑型车也被称为A级车，一般情况下，属于该级别的车的轴距在2500～2700mm之间，车身长度在4200～4600mm之间。比较典型的紧凑型车如高尔夫、科鲁兹、福克斯等，如图1-1-4所示。

图1-1-4 典型的紧凑型车

（4）中型车

中型车也被称为B级车，一般情况下，属于该级别的车的轴距在2700～2900mm之间，车身长度在4500～4900mm之间。比较典型的中型车如宝马3系、雅阁、迈腾等，如图1-1-5所示。

图1-1-5 典型的中型车

（5）中大型车

中大型车也被称为C级车，一般情况下，属于该级别的车的轴距在2800～3000mm之间，车身长度在4800～5000mm之间。比较典型的中大型车如奥迪A6L、奔驰E级、丰田皇冠、宝马5系Li、沃尔沃S80L等，如图1-1-6所示。

图1-1-6 典型的中大型车

（6）豪华车

　　豪华车也被称为D级车，一般情况下，属于该级别的车的轴距超过3000mm，车身长度超过5000mm。比较典型的豪华车如奔驰S级、奥迪A8L、宝马7系、雷克萨斯LS、迈巴赫、劳斯莱斯幻影等，如图1-1-7所示。

图1-1-7　典型的豪华车

（7）SUV（级别）

SUV 是 sport utility vehicle 的缩写，中文意思是运动型多功能车，是一种同时拥有旅行车般的舒适性和空间及一定越野能力的车型，现在的 SUV 一般是指那些以轿车平台为基础生产、在一定程度上既具有轿车的舒适性又有越野车的通过性的车型，如图 1-1-8 所示。

(a) 小型SUV　　　　　　　　　　　　(b) 紧凑型SUV

(c) 中型SUV　　　　　　　　　　　　(d) 中大型SUV

图1-1-8　典型的SUV

① 小型SUV　小型SUV车长一般在3850～4350mm之间，轴距小于2670mm。典型车型有现代ix25、雪铁龙C3、本田XR-V等。

② 紧凑型SUV　紧凑型SUV车长一般在4300～4750mm之间，轴距为2600～2760mm。典型车型有途观、哈弗H6、宝马X1、标致2008、本田CR-V等。

③ 中型SUV　中型SUV车长在4400～4850mm之间，轴距为2650～2800mm。典型车型有奥迪Q5、奔驰GLC级、牧马人、沃尔沃XC60等。

④ 中大型SUV　中大型SUV车长在4750～5150mm之间，轴距为2790～3050mm。典型车型有路虎揽胜、丰田普拉多、大众途锐、宝马X5、奥迪Q7、兰德酷路泽等。

（8）MPV（级别）

MPV是指多用途汽车（multi-purpose vehicles），从源头上讲，MPV是从旅行轿车逐渐演变而来的，它集旅行车宽大乘员空间、轿车的舒适性和厢式货车的功能于一身，一般为两厢式结构，即多用途车。

MPV拥有一个完整宽大的乘员空间，使它在内部结构上具有很大的灵活性，这也是MPV最具吸引力的地方。车厢内可以布置七八个座位，还有一定的行李空间；座椅布置灵活，可全部折叠或放倒，有些还可以前后左右移动甚至旋转。典型的MPV车型有本田奥德赛、别克GL8、宝马2系多功能旅行车、大众途安、大众夏朗、丰田埃尔法等，如图1-1-9所示。

图1-1-9 典型的MPV

1.2 汽车基本组成

汽车一般由动力系统（包括发动机、变速器以及电动汽车的驱动电机等）、底盘、车身和电气系统组成，如图1-2-1所示。

图1-2-1 汽车基本组成图

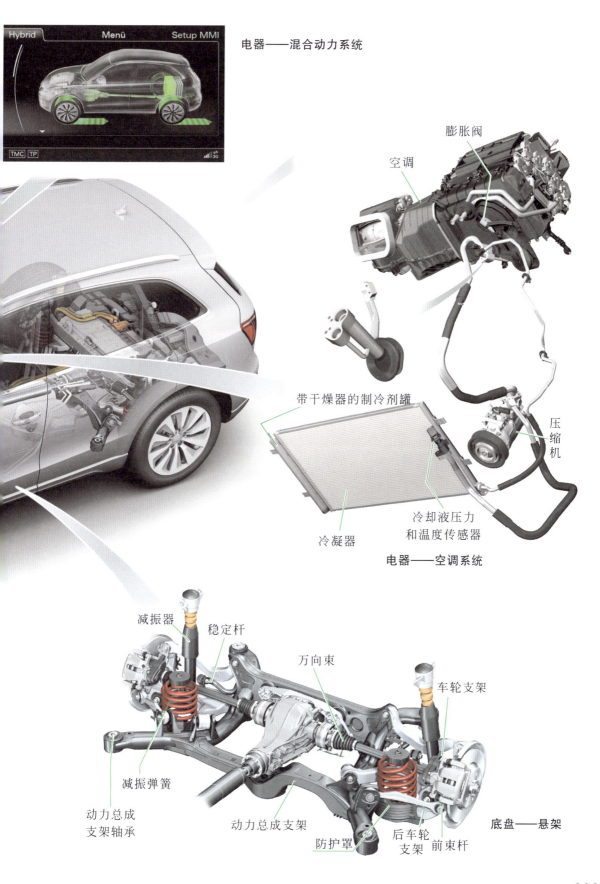

1.2.1 动力系统

汽车动力系统包括发动机、变速器以及电动汽车的驱动电机等。其作用是发动机或驱动电机产生动力,再由变速器合理分配传递给车轮,从而驱动车轮运转,如图1-2-2所示。

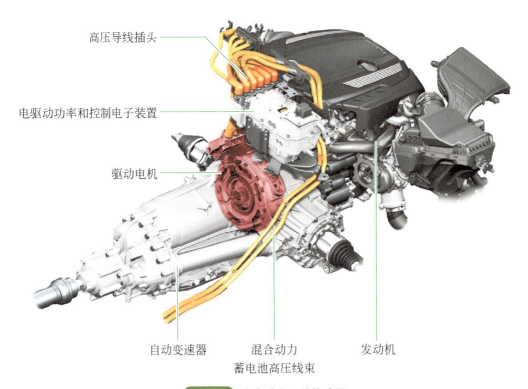

图1-2-2 汽车动力系统构造图

1.2.2 底盘

汽车底盘是汽车车身的承载和支撑部分，底盘上安装有发动机、变速器以及各种组件，构成汽车整体造型。汽车底盘可分为传动系统、行驶系统、转向系统和制动系统，如图1-2-3所示。

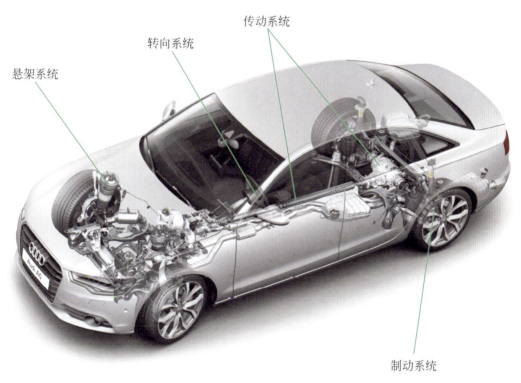

图1-2-3 汽车底盘构造图

1.2.3　车身

汽车车身是汽车安装座椅、仪表、方向盘的部分,也是汽车用来载人装货的空间场所,主要包括车身壳体、车门、车窗、内外装饰、座椅等装置。奥迪Q5车身壳体构造图如图1-2-4所示。

在奥迪Q5车身上只有30.8%的部件采用了普通钢材,近60%的部件采用了高强度和超高强度钢材。最高强度热成形钢制部件占9%以上。对热成形车身部件使用的钢材进行了热渗铝处理,可防止钢板表面发生腐蚀。车门用样采用钢材料,发动机舱盖和后备厢盖则采用铝材制造。

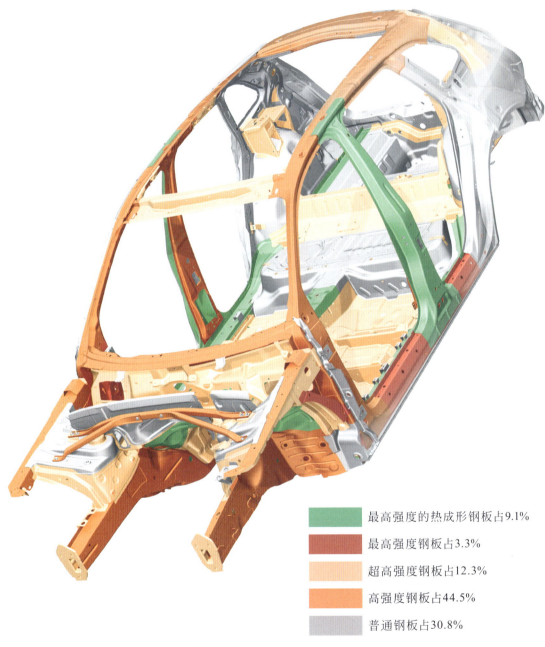

- 最高强度的热成形钢板占9.1%
- 最高强度钢板占3.3%
- 超高强度钢板占12.3%
- 高强度钢板占44.5%
- 普通钢板占30.8%

图1-2-4　奥迪Q5车身壳体构造图

1.2.4 电气系统

汽车电气系统是汽车用电设备的总称,包括蓄电池、发动机、照明系统、雨刮洗涤、空调、音响等。奥迪A6L车身电器安装位置如图1-2-5所示。

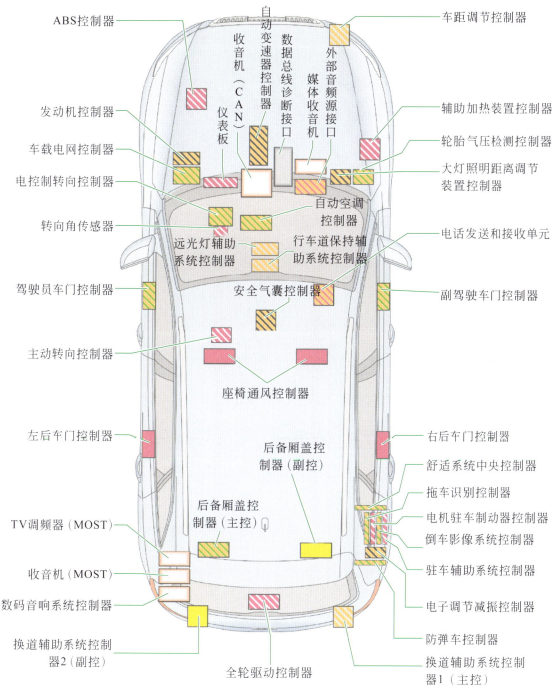

图1-2-5 奥迪A6L车身电气安装位置

chapter 2

汽车发动机

- 2.1 发动机概述
- 2.2 汽车发动机类型
- 2.3 汽车发动机工作原理
- 2.4 发动机构造

第2章

发动机

2.1 发动机概述

发动机是给汽车提供动力的部件，是汽车的核心总成。燃料在气缸内燃烧，产生巨大的压力推动活塞上下运动，活塞推动连杆运动，连杆再推动曲轴做旋转运动。曲轴的旋转运动通过与其相连接的离合器（变矩器）传递给汽车的变速器，再经过变速器合理分配后传递给车轮，从而推动汽车前进。汽车发动机外观图如图2-1-1所示。

大众EA888发动机外观图

第 2 章 汽车发动机

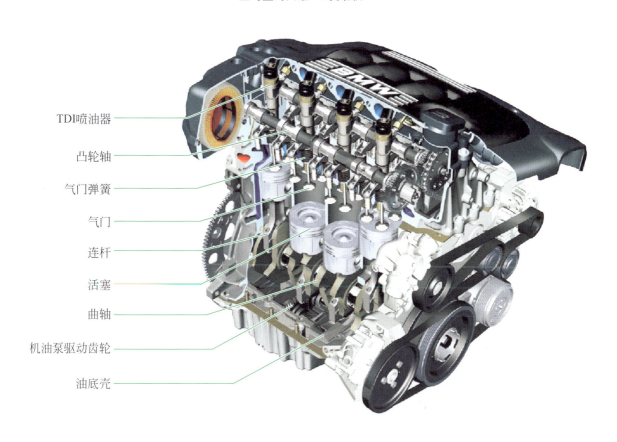

宝马直列四缸TDI发动机

- TDI喷油器
- 凸轮轴
- 气门弹簧
- 气门
- 连杆
- 活塞
- 曲轴
- 机油泵驱动齿轮
- 油底壳

图2-1-1 汽车发动机外观图

2.2 汽车发动机类型

汽车发动机按照所用燃料分类可分为汽油发动机、柴油发动机、清洁燃料发动机等，清洁燃料发动机只是燃料供给和喷油器部分不同，其余部分可参考前两种发动机。发动机按照气缸排列形式可以分为直列式、V型、VR型、W型和水平对置式发动机。

2.2.1 汽油发动机

汽油发动机是以汽油为燃料的发动机。汽油发动机转速高、重量轻、噪声小、启动容易、制造成本低等，广泛应用在现代的汽车中。随着技术的发展，汽车用汽油发动机也普遍采用了涡轮增压、缸内直喷技术，使得汽油发动机功率、经济性能更加突出。汽油发动机组成图如图2-2-1所示。

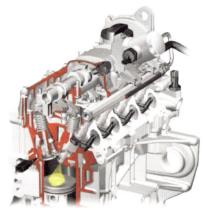

两气门气缸盖、缸内直喷

点火变压器（四个气缸共用一个点火变压器）

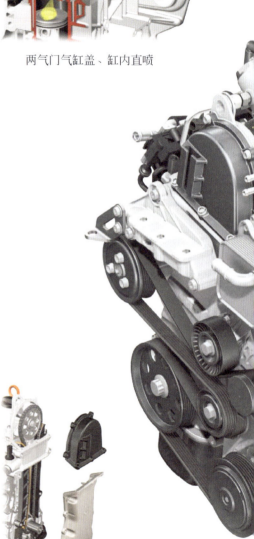

正时皮带罩盖

图2-2-1 汽油发动机组成图

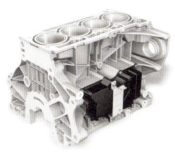

气缸体(集成曲轴箱通风和油气分离器)

涡轮增压器(带电动调节排气泄压阀和进气管中集成水冷增压空气冷却系统)

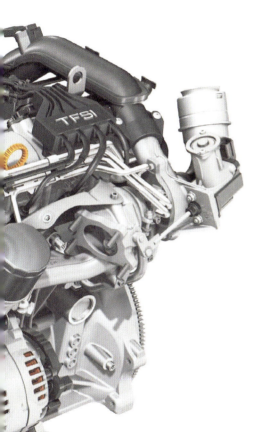

冷却液泵(热能管理系统可切换的冷却液泵)

流量可调的机油循环回路带油道压力可调的机油泵

铝制气缸体采用开放式水道,并带有灰铸铁气缸套

2.2.2 柴油发动机

柴油发动机是以柴油为燃料的发动机。柴油发动机压缩比大、热效率高，经济性能和排放性能都比汽油发动机好。柴油发动机广泛应用在皮卡、客/货汽车、工程机械车上。一些豪华轿车上也有使用。柴油发动机组成图如图2-2-2所示。

进气系统（带可变进气管长度调节）

高压共轨喷射

配气机构驱动组件

第 2 章 汽车发动机

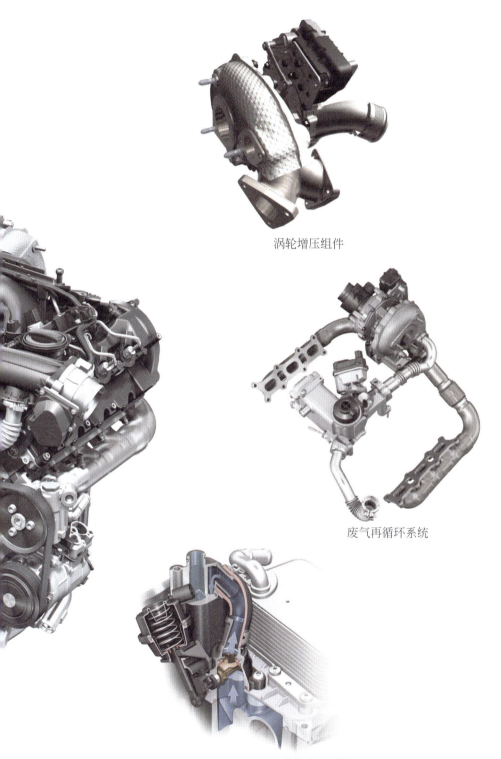

涡轮增压组件

废气再循环系统

热能管理系统

图2-2-2 柴油发动机组成图

· 021 ·

2.2.3 直列式（L型）发动机

所有气缸成直线排列并与曲轴垂直，代表了最早的发动机开发水平。

优点：设计简单。

缺点：大量的气缸导致发动机非常长，不适合横向安装。直列式5缸发动机气缸布置（L5）如图2-2-3所示。

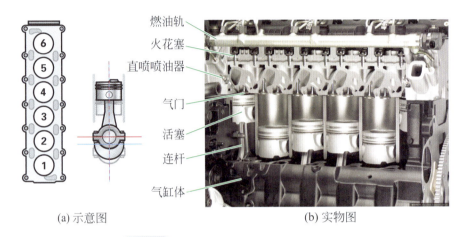

(a) 示意图　　　　　　　　　　　(b) 实物图

图2-2-3　直列式5缸发动机气缸布置（L5）

2.2.4 V型发动机

为了让发动机缩短，V型发动机中的气缸布置成60°～120°的夹角，并让气缸的中心线与曲轴的中心线相交。

优点：发动机较短。

缺点：发动机较宽，具有两个分离气缸盖，因而需要更复杂的设计和更大的发动机舱容积。

V型发动机气缸布置如图2-2-4所示。

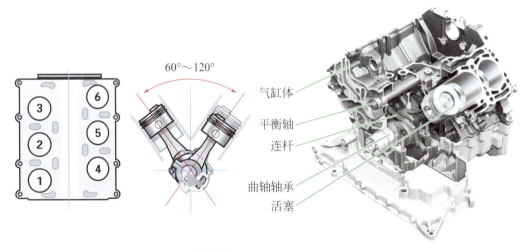

图2-2-4　V型发动机气缸布置

2.2.5 VR型发动机

为满足在中低档车辆上横向安装大功率发动机的需要，研发出VR型发动机。6个气缸互成15°角偏置布置的气缸容纳在一个不太宽且较短的发动机缸体上。

此类发动机不同于早先投产的设计，只有一个气缸盖。这些优点使得高尔夫等车辆上能安装紧凑的VR6型发动机。VR型发动机气缸布置如图2-2-5所示。

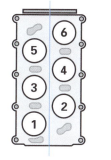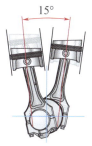

图2-2-5 VR型发动机气缸布置

2.2.6 W型发动机

W家族的发动机根据模块化设计原则糅合了两个"VR气缸组"。单个气缸组内气缸之间的夹角为15°，两个VR气缸组之间的夹角为72°。W型发动机气缸布置如图2-2-6所示。

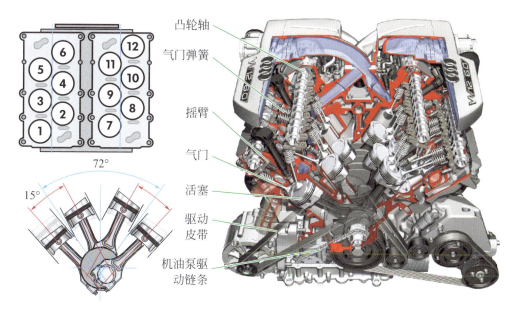

图2-2-6 W型发动机气缸布置

2.2.7 水平对置发动机

两列气缸水平相对排列，优点是重心低、平顺性能好。水平对置发动机气缸布置如图2-2-7所示。

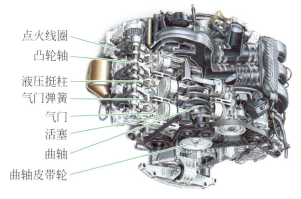

图2-2-7 水平对置发动机气缸布置

2.3 汽车发动机工作原理

2.3.1 发动机基本术语

发动机基本术语如图 2-3-1 所示。

（1）工作循环

由进气、压缩、做功和排气四个工作过程组成的封闭过程。

（2）上、下止点

活塞顶离曲轴回转中心最远处为上止点；活塞顶离曲轴回转中心最近处为下止点。

（3）活塞行程

上、下止点间的距离 S 称为活塞行程。

（4）气缸工作容积

上、下止点间所包容的气缸容积称为气缸工作容积。

（5）排量

所有气缸工作容积的总和称为内燃机排量。

（6）燃烧室容积

活塞位于上止点时，活塞顶面以上、气缸盖底面以下所形成的空间称为燃烧室，其容积称为燃烧室容积，也叫压缩容积。

（7）气缸总容积

气缸工作容积与燃烧室容积之和为气缸总容积。

（8）压缩比

气缸总容积与燃烧室容积之比称为压缩比。压缩比的大小表示活塞由下止点运动到上止点时，气缸内的气体被压缩的程度。压缩比越大，压缩终了时气缸内的气体压力和温度就越高。

（9）工况

内燃机在某一时刻的运行状况简称工况，以该时刻内燃机输出的有效功率和曲轴转速表示。曲轴转速即为内燃机转速。

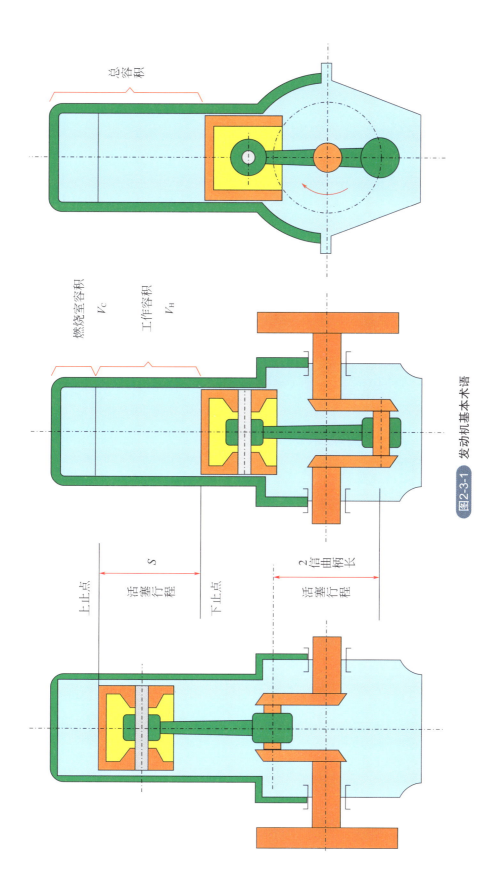

图2-3-1 发动机基本术语

2.3.2 四行程汽油发动机工作原理

四行程汽油发动机工作原理如图2-3-2所示。

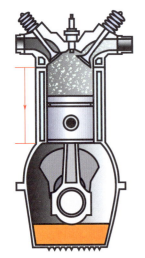

活塞在曲轴的带动下由上止点移向下止点，此时排气门关闭，进气门开启。在活塞移动过程中，气缸容积逐渐增大，气缸内形成一定的真空度。空气和汽油的混合物通过进气门被吸入气缸，并在气缸内进一步混合形成可燃混合气。

(a) 进气行程

进气行程结束后，曲轴继续带动活塞由下止点移向上止点。这时进气门和排气门均关闭。随着活塞的移动和气缸容积的不断缩小，气缸内的可燃混合气体被压缩，其压力和温度同时升高。

(b) 压缩行程

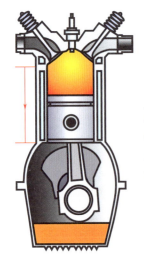

压缩行程结束时，气缸盖上的火花塞产生电火花，将气缸内可燃混合气体点燃，火焰迅速传遍整个燃烧室，同时放出大量的热能。燃烧气体的体积急剧膨胀，压力和温度迅速升高，在气体压力的作用下，活塞由上止点移向下止点并通过连杆推动曲轴旋转做功。这时，进气门和排气门仍关闭。

(c) 做功行程

排气行程开始，排气门开启，进气门仍然关闭，曲轴通过连杆带动活塞由下止点移向上止点，此时膨胀过后的燃烧气体在其自身剩余压力和在活塞的推动下，经排气门排出气缸之外。当活塞到达上止点时，排气行程结束，排气门关闭。

(d) 排气行程

图2-3-2 四行程汽油发动机工作原理

2.3.3 二行程汽油发动机工作原理

二行程汽油发动机工作原理如图2-3-3所示。

第一行程（压缩/进气）：活塞向上运动，将三个通道（排气道、进气道、扫气通道）都关闭，活塞上部开始压缩。当活塞继续向上运动时，活塞下方打开进气孔，可燃混合气体进入曲轴箱内。

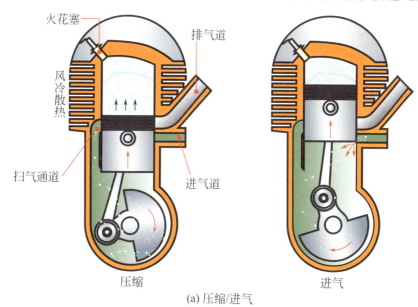

(a) 压缩/进气

第二行程（燃烧/排气）：当活塞接近上止点时，火花塞产生火花点燃混合气体，混合气体燃烧膨胀产生巨大的热能推动活塞向下运动。活塞继续向下运动，进气孔关闭，曲轴箱的可燃混合气体受到压缩，当活塞接近下止点时，排气孔打开，气体排出。

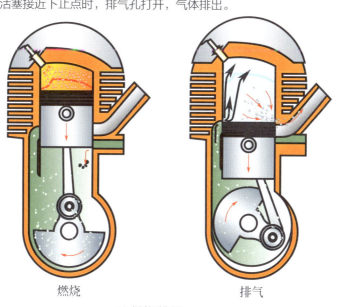

(b) 燃烧/排气

图2-3-3 二行程汽油发动机工作原理

2.3.4 四行程柴油发动机工作原理

四冲程柴油机的工作循环同样包括进气、压缩、做功和排气四个行程。在各个活塞行程中，进、排气门的开闭和曲柄连杆机构的运动与汽油发动机完全相同。只是由于柴油和汽油的使用性能不同，使柴油发动机和汽油发动机在混合气形成方法及点火方式上有着根本的差别。二行程柴油发动机工作原理如图2-3-4所示。

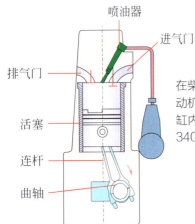

在柴油发动机进气行程中，被吸入气缸的只是纯净的空气。由于柴油发动机进气系统阻力较小，残余废气的温度较低，因此进气行程结束时气缸内气体的压力较高，为 0.085～0.095MPa，温度较低，为 310～340K。

(a) 进气行程

因为柴油发动机的压缩比大，所以压缩行程终了时气体压力可高达 3～5MPa，温度可高达 750～1000K。

(b) 压缩行程

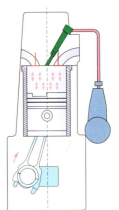

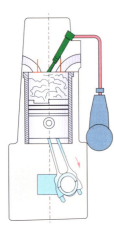

在压缩行程结束时，喷油泵将柴油泵入喷油器，并通过喷油器喷入燃烧室。因为喷油压力很高，喷油孔直径很小，所以喷出的柴油呈细雾状。细微的油滴在炽热的空气中迅速蒸发气化，并借助于空气的运动，迅速与空气混合形成可燃混合气。由于气缸内的温度远高于柴油的自燃点，因此柴油随即自行着火燃烧。燃烧气体的压力、温度迅速升高，体积急剧膨胀。在气体压力的作用下，活塞推动连杆，连杆推动曲轴旋转做功

在做功行程中，燃烧气体的最大压力可达 6～9MPa，最高温度可达 1800～2200K。做功行程结束时，压力为 0.2～0.5MPa，温度为 1000～1200K。

(c) 做功行程

排气终了时气缸内残余废气的压力为 0.105～0.120MPa，温度为 700～900K。

(d) 排气行程

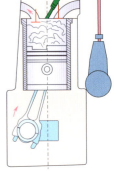

图2-3-4 四行程柴油发动机工作原理

2.4 发动机构造

2.4.1 发动机总体构造

L4、V6、V8、V12、W12发动机构造如图2-4-1所示。

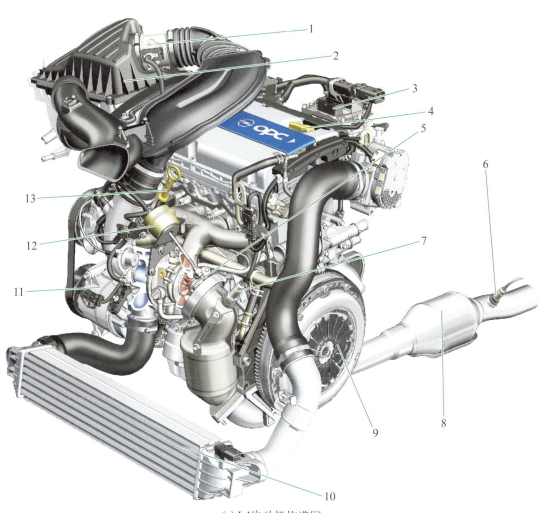

(a) L4发动机构造图

1—空气流量计；
2—空气滤清器；
3—点火线圈；
4—机油加注口；
5—废气涡轮增压器；
6—后氧传感器；
7—前氧传感器；
8—三元催化转换器；
9—离合器；
10—冷却器；
11—空调压缩机；
12—增压压力调节装置；
13—机油尺

图2-4-1

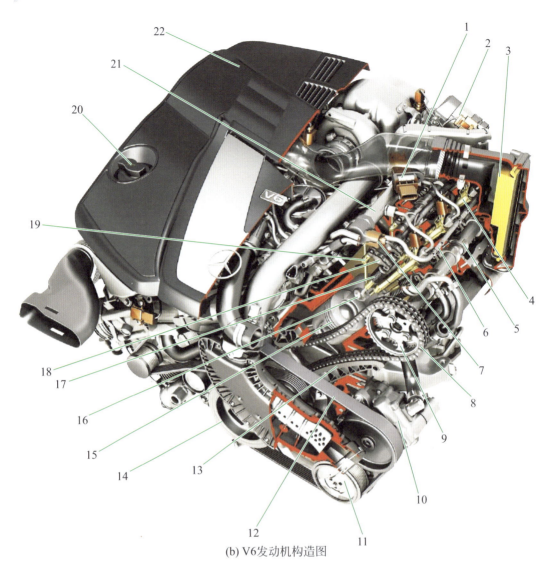

(b) V6发动机构造图

1—进气压力/温度传感器；
2—燃油高压泵；
3—空气滤清器；
4—TDI喷油器；
5—凸轮轴；
6—燃油输送管至高压轨；
7—高压油轨压力传感器；
8—凸轮轴驱动链；
9—凸轮轴链轮；
10—转向助力泵；
11—空调压缩机；
12—驱动皮带；
13—驱动链条轨；
14—曲轴皮带轮；
15—活塞；
16—气门；
17—气门弹簧；
18—摇臂；
19—液压挺柱；
20—机油加注口；
21—高压油轨；
22—发动机罩盖

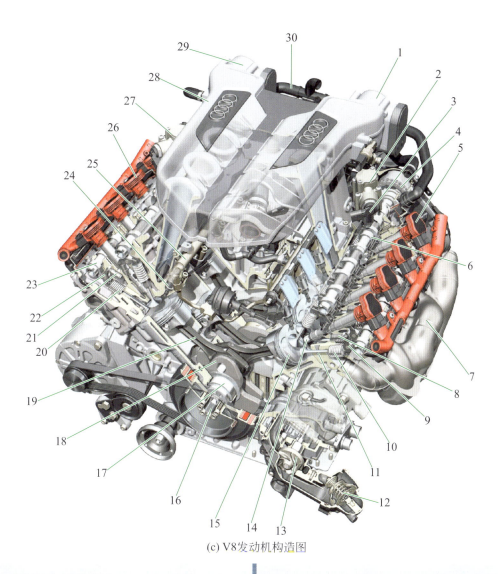

(c) V8发动机构造图

1—节气门（右侧气缸）；
2—高压燃油泵（右侧气缸）；
3—燃油压力传感器（右侧气缸）；
4—凸轮轴驱动链条与链轮；
5,26—点火线圈（单缸独立点火）；
6—凸轮轴（右侧气缸）；
7—排气歧管（右侧气缸）；
8,21—液压挺柱；
9—摇臂；
10—气门弹簧；
11—气门；
12—节温器；
13—冷却液泵；
14—火花塞；
15—活塞；
16—曲轴皮带轮；
17—曲轴轴瓦；
18—曲轴；
19—连杆；
20—气门弹簧；
22—摇臂；
23—凸轮轴；
24—缸内直喷喷油器；
25—高压燃油轨；
27—高压燃油泵（左侧气缸）；
28—发动机罩盖；
29—节气门（左侧气缸）；
30—真空管

图2-4-1

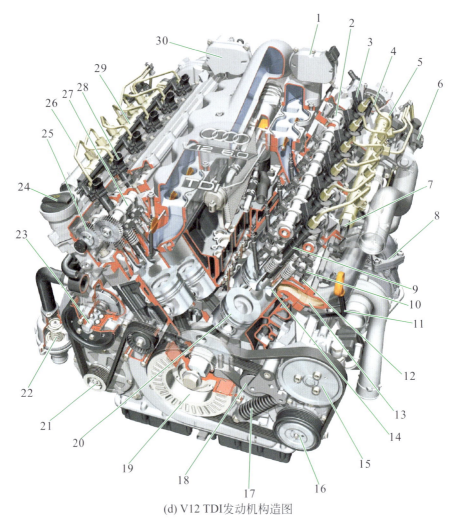

(d) V12 TDI发动机构造图

1—节气门（右侧气缸）；
2—凸轮轴（右侧气缸）；
3—高压喷油器插接器（右侧气缸）；
4—高压输油管（右侧气缸高压轨至喷油器）；
5—燃油高压轨（右侧气缸）；
6—燃油高压泵（左侧气缸）；
7—燃油压力传感器；
8—涡轮增压器；
9—高压喷油器；
10—摇臂；
11—机油尺；
12—液压挺柱；
13—排气歧管；
14—气门；
15—转向助力泵；
16—空调压缩机；
17—皮带轮张紧器弹簧；
18—皮带轮张紧器；
19—曲轴皮带轮；
20—活塞；
21—发电机；
22—节温器；
23—冷却液泵；
24—机油加注口；
25—凸轮轴啮合齿轮；
26—高压输油管（左侧气缸高压轨至喷油器）；
27—凸轮轴（左侧气缸）；
28—高压喷油器插接器（左侧气缸）；
29—燃油高压轨（左侧气缸）；
30—节气门体（左侧气缸）

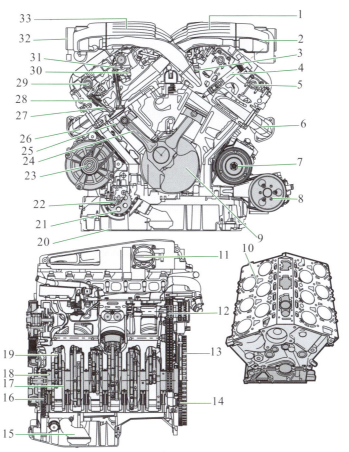

(e) W12发动机构造图

1—组合型进气歧管（右侧气缸）；
2—节气门体（右侧气缸）；
3—喷油器（右侧气缸）；
4—点火线圈与火花塞（右侧气缸）；
5—凸轮轴（右侧气缸）；
6—排气管（右侧气缸）；
7—冷却液泵；
8—转向助力泵；
9—曲轴；
10—W12气缸体结构；
11—节气门体；
12—凸轮轴驱动链条；
13—驱动皮带（驱动附件）；
14—曲轴皮带轮；
15—机油泵集滤器；
16—机油泵驱动链条；
17—曲轴；
18—曲轴轴瓦；
19—连杆；
20—油底壳；
21—机油泵驱动链轮；
22—机油泵；
23—发电机；
24—连杆；
25—活塞；
26—排气管（左侧气缸）；
27—气门；
28—气门弹簧；
29—凸轮轴（左侧气缸）；
30—液压挺柱；
31—摇臂；
32—节气门体（左侧气缸）；
33—组合型进气歧管（左侧气缸）

图2-4-1　发动机总体构造图

2.4.2 机体组和曲柄连杆机构

（1）机体组

发动机机体组主要由机体、气缸盖、气缸盖罩、气缸衬垫、主轴承盖以及油底壳等组成，如图2-4-2所示。

机体组是发动机的支架，是曲柄连杆机构、配气机构和发动机各系统主要零部件的装配基体。气缸盖用来封闭气缸顶部，并与活塞顶和气缸壁一起形成燃烧室。另外，气缸盖和机体内的水套与油道以及油底壳又分别是冷却系统和润滑系统的组成部分。

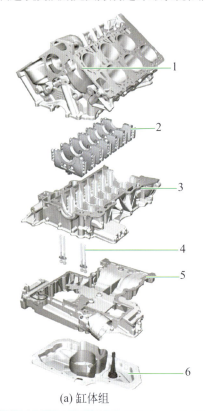

(a) 缸体组　　　(b) 气缸盖及罩盖

1—气缸体；
2—曲轴轴瓦盖；
3—曲轴箱；
4—曲轴箱紧固螺栓；
5—曲轴箱下盖；
6—油底壳

1—凸轮轴驱动链轮；
2—直喷喷油器；
3—液压挺柱；
4—气门；
5—气门导管；
6—气门弹簧；
7—摇臂；
8—凸轮轴同步驱动齿轮；
9—凸轮轴；
10—气缸盖罩盖；
11—点火线圈与火花塞

图2-4-2　机体组

① 气缸体组件　气缸体如图2-4-3所示。

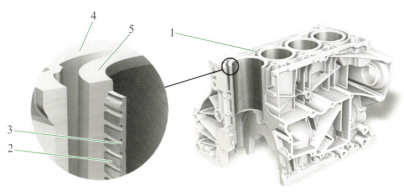

(a) 奥迪1.2 TFSI发动机气缸体

1—气缸体；
2—气缸衬套及开槽；
3—倒扣；
4—外壁；
5—气缸衬套

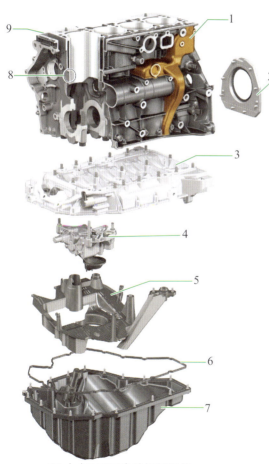

(b) 大众EA888发动机气缸体

图2-4-3　气缸体

气缸体一般用高强度灰铸铁或铝合金铸造。最近，在轿车发动机上采用铝合金气缸体的越来越普遍。与铸铁机体相比，铝合金气缸体具有下列优点。

a. 全铝气缸体与铝活塞的热膨胀系数相同，因此活塞与气缸的间隙可以控制到最小，从而可以降低噪声和机油消耗量。

b. 由于铝合金的导热性很好，因此采用全铝气缸体可以提高压缩比，有利于提高发动机的功率。

c. 铝合金气缸体重量轻，有利于前置发动机前轮驱动的轿车前后轮载荷的合理分配。

d. 由于铝合金气缸体散热性能好，可以减少冷却液容量，减小散热器尺寸，使整个发动机轻量化。

铝合金气缸体的缺点是成本高。

1—粗粒机油分离器；
2—密封凸缘；
3—带挡板的油底壳上部；
4—可调式外部齿轮机油泵；
5—油底壳蜂巢状插入件；
6—衬垫；
7—油底壳下部（塑料制成）；
8—3mm气缸壁厚度；
9—灰色铸铁气缸体

② 气缸盖组件　气缸盖如图2-4-4所示。

气缸盖一般都由优质灰铸铁或合金铸铁铸造，汽油机则多采用铝合金气缸盖。铝合金导热性好，有利于提高发动机的压缩比。目前汽车发动机普遍采用铝合金气缸盖。

气缸盖是结构复杂的箱形零件。其上加工有进排气门座孔、气门导管孔、火花塞安装孔（汽油机）或喷油器安装孔（柴油机）。在气缸盖内还铸有水套、进排气道和燃烧室或燃烧室的一部分。若凸轮轴安装在气缸盖上，则气缸盖上还加工有凸轮轴承孔或凸轮轴承座及其润滑油道。

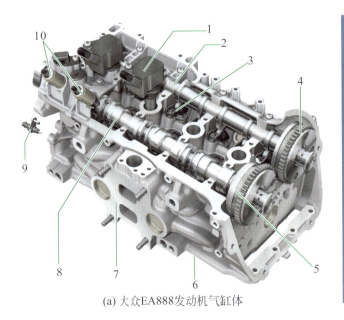

1—点火线圈（单缸独立点火）；
2—进气凸轮轴；
3—摇臂；
4—进气凸轮轴调节器（无级调节至60°曲轴角）；
5—排气凸轮轴调节器（无级调节至33°或34°曲轴角）；
6—气缸盖外壳；
7—排气歧管；
8—具有气门行程切换功能的排气凸轮轴；
9—冷却液温度传感器；
10—用于气门行程切换的执行器

(a) 大众EA888发动机气缸体

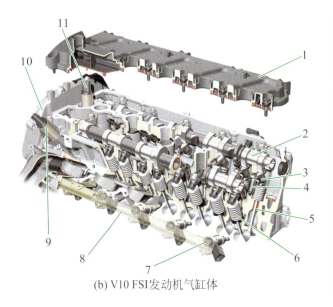

1—气缸盖罩盖；
2—具有气门行程切换的排气凸轮轴；
3—摇臂；
4—液压挺柱；
5—气门；
6—气门弹簧；
7—高压喷油器；
8—高压油轨；
9—进气凸轮轴正时调节电磁阀；
10—叶片式凸轮轴正时调节器；
11—排气凸轮轴正时调节电磁阀

(b) V10 FSI发动机气缸体

图2-4-4　气缸盖

（2）曲柄连杆机构

曲柄连杆机构是发动机的主要运动机构。其功能是将活塞的往返运动转变为曲轴的旋转运动，同时将作用于活塞上的力转变为曲轴对外输出的转矩，以驱动汽车车轮转动。曲柄连杆机构由活塞连杆组、曲轴飞轮组的零件组成。曲柄连杆机构总体构造如图2-4-5所示。

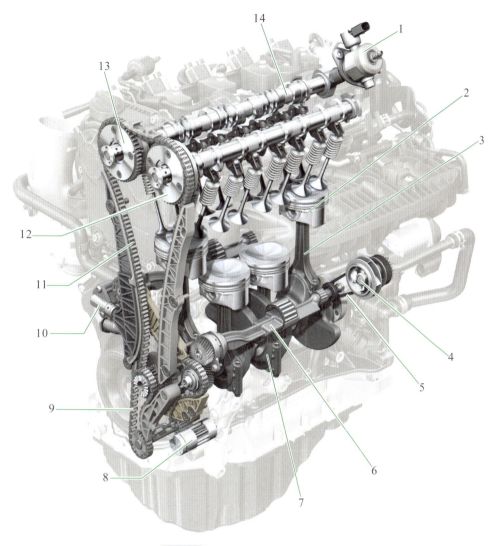

图2-4-5 曲柄连杆机构总体构造

1—高压燃油泵；
2—活塞；
3—连杆；
4—冷却液泵；
5—冷却液泵驱动皮带；
6—平衡轴；
7—曲轴；
8—可调式外部齿轮机油泵；
9—机油泵驱动链条；
10—链条张紧器；
11—齿形皮带传动；
12—进气凸轮轴调节器；
13—排气凸轮轴调节器；
14—具有气门行程切换功能的排气凸轮轴

① 活塞连杆组　活塞的主要功用是承受燃烧气体压力，并将此力通过活塞销传给连杆以推动曲轴旋转。此外活塞顶部与气缸盖、气缸壁共同组成燃烧室。

连杆组包括连杆体、连杆盖、连杆螺栓和连杆轴承等零件。习惯上常常把连杆体、连杆盖和连杆螺栓合起来称作连杆，有时也称连杆体为连杆。

连杆组的功用是将活塞承受的力传给曲轴，并将活塞的往复运动转变为曲轴的旋转运动。活塞连杆组的构造如图2-4-6所示。

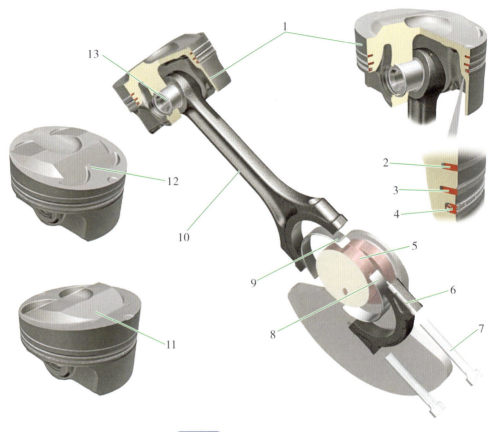

图2-4-6　活塞连杆组的构造

1—活塞；
2—第一道气环；
3—第二道气环；
4—油环；
5—曲轴上的连杆瓦轴径；
6—连杆瓦盖；
7—连杆瓦盖紧固螺栓；
8—连杆轴瓦（下）；
9—连杆轴瓦（上）；
10—连杆；
11—1缸、3缸、5缸、8缸、10缸、12缸 活塞（头部有区别）；
12—2缸、4缸、6缸、7缸、9缸、11缸活塞（头部有区别）；
13—活塞销

活塞环分气环和油环两种。气环的主要功用是密封和传热。油环的主要功用是刮除飞溅到气缸壁上多余的机油,并在气缸壁上涂布一层均匀的油膜。此外,气环和油环还分别起到刮油和密封的辅助作用。

② 曲轴飞轮组　曲轴的功用是把活塞、连杆传来的气体力转变为转矩,用以驱动汽车的传动系统和发动机的配气机构以及其他辅助装置。

曲轴基本上由若干个单元曲拐构成。一个曲柄销,左右两个曲柄臂和左右两个主轴颈构成一个单元曲拐。单缸发动机的曲轴只有一个曲拐,多缸直列式发动机曲轴的曲拐数与气缸数相同,V型发动机曲轴的曲拐数等于气缸数的一半。将若干个单元曲拐按照一定的相位连接起来再加上曲轴前、后端便构成一根曲轴。曲轴飞轮组的结构如图2-4-7所示。

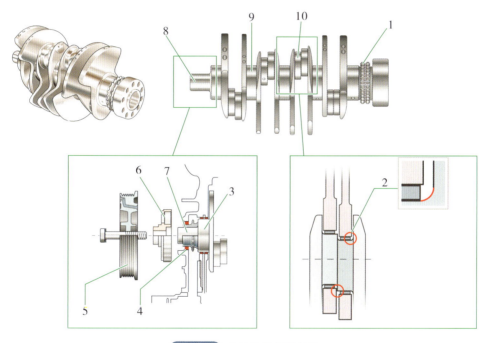

图2-4-7　曲轴飞轮组的结构

1—链条驱动机构的双链条齿;
2—W型发动机曲轴倒角(连杆轴颈成对布置,并与曲轴形成相应,安装连杆时应保证轴瓦不能接触到倒角圆弧或两个连杆表面之间的棱边);
3—主轴承;
4—机油泵齿轮(机油泵驱动齿轮连同平衡轴的齿形皮带轮被压紧在外部主轴承上,并用减振器固定到位);
5—减振器;
6—平衡轴齿形皮带轮;
7—曲轴轴颈;
8—驱动机油泵与平衡轴的轴颈;
9—主轴承;
10—连杆轴颈

在发动机后端安装双质量飞轮,大大降低发动机与变速器振动系统的固有频率,使得其固有频率对应的转速为发动机怠速转速的1/3左右,从而降低振动的传递率。

双质量飞轮式扭转减振器与曲轴扭转减振器结构类似,主要零件也是由固定在曲轴上的主体部分(壳体)、惯性质量部分以及扭转弹性阻尼部分组成,只是在此处习惯称主体部分为第一质量,惯性质量部分称为第二质量。第一质量固定在曲轴后端,第二质量通过轴承安装在第一质量上,第二质量还负责将动力传递给传动系统,第一质量与第二质量之间通过扭转减振器传递转矩。双质量飞轮的结构如图2-4-8所示。

双质量飞轮中的弹簧阻尼系统将第一质量与第二质量分开,这样发动机产生的扭力振动就不会传递到变速箱。

在自动变速箱匹配的W型发动机上,双质量飞轮被变矩器盘代替。

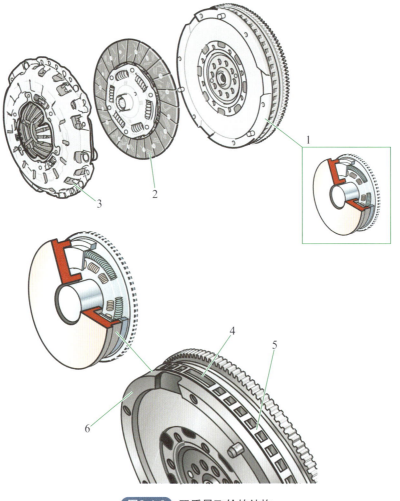

图2-4-8 双质量飞轮的结构

1—双质量飞轮;
2—离合器片;
3—离合器盖;
4—齿隙;
5—发动机转速传感器脉冲轮;
6—双质量飞轮

多缸发动机具有两个平衡轴用以补偿惯性力。这两个轴安装在曲轴箱中。上平衡轴由曲轴通过齿形带驱动。上平衡轴末端的一个齿轮驱动下平衡轴。平衡轴固定在曲轴箱离合器侧的两个定位孔中。平衡轴的结构如图2-4-9所示。

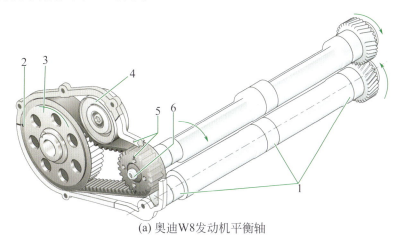

(a) 奥迪W8发动机平衡轴

1—平衡轴在曲轴箱轴套中的支撑部位；
2—曲轴驱动齿轮上的正时标记（1缸上止点）；
3—曲轴上的驱动齿轮；
4—张紧轮；
5—平衡轴驱动齿轮上的正时标记对准密封面上的标记（1缸上止点）；
6—平衡轴上的驱动齿轮

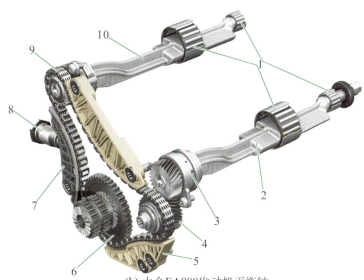

(b) 大众EA888发动机平衡轴

1—滚轴轴承；
2—平衡轴；
3—滚动轴承；
4—惰轮；
5—导轨；
6—曲轴链条链轮；
7—带旋入式卡箍的张紧滑轨；
8—张紧器；
9—齿形链条；
10—平衡轴

图2-4-9 平衡轴的结构

③ 发动机工作顺序与曲轴曲拐布置　四行程直列四缸发动机发火间隔角为720°/4=180°。四个曲拐在同一平面内。发动机工作顺序为1-3-4-2或1-2-4-3。其发动机工作顺序和曲轴曲拐布置如图2-4-10所示。

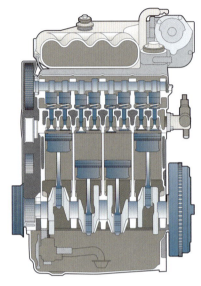

工作顺序1-3-4-2

曲轴转角/(°)	第1缸	第2缸	第3缸	第4缸
0~180	做功	排气	压缩	进气
180~360	排气	进气	做功	压缩
360~540	进气	压缩	排气	做功
540~720	压缩	做功	进气	排气

工作顺序1-2-4-3

曲轴转角/(°)	第1缸	第2缸	第3缸	第4缸
0~180	做功	压缩	排气	进气
180~360	排气	做功	进气	压缩
360~540	进气	排气	压缩	做功
540~720	压缩	进气	做功	排气

图2-4-10　直列四缸发动机工作顺序和曲轴曲拐布置

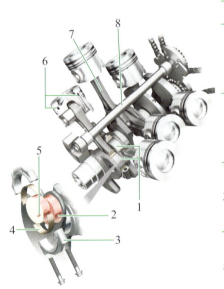

曲轴转角/(°)		R1	R2	R3	L1	L2	L3
0~180	0~60	做功	排气		进气		压缩
	60~120	做功	排气		进气		压缩
	120~180			压缩	排气		做功
180~360	180~240		进气	压缩	排气	压缩	做功
	240~300	排气	进气	压缩		压缩	
	300~360			做功	进气		排气
360~540	360~420		压缩	做功	进气	做功	排气
	420~480	进气	压缩	做功		做功	
	480~540			排气	压缩		进气
540~720	540~600	压缩	做功	排气	压缩	排气	进气
	600~660	压缩	做功		进气	排气	
	660~720			进气	做功		

图2-4-11　V型6缸发动机工作顺序和曲轴曲拐布置

1—连杆轴颈；
2—连杆轴瓦润滑孔；
3—连杆轴瓦下盖；
4—连杆轴瓦；
5—连杆轴瓦润滑孔；
6—活塞销润滑油道；
7—连杆；
8—平衡轴

V型6缸发动机，面对发动机冷却风扇，右侧气缸用R表示，从前向后气缸号依次为R1、R2、R3；左侧气缸用L表示，从前向后气缸号依次为L1、L2、L3。V型6缸发动机的发火间隔角为120°。三个曲拐互成120°，工作顺序为R1-L3-R3-L2-R2-L1。其发动机工作顺序和曲轴曲拐布置如图2-4-11所示。

V型8缸发动机发火间隔角为720°/8=90°。4个曲拐互成90°。工作顺序为R1-L1-R4-L4-L2-R3-L3-R2 或 L1-R4-L4-L2-R3-R2-L3-R1。其发动机工作顺序和曲轴曲拐布置如图2-4-12所示。

曲轴转角/(°)		R1	R2	R3	R4	L1	L2	L3	L4
0~180	0~90	做功			压缩		进气	排气	
	90~180	做功	排气	进气	压缩	做功	进气	排气	压缩
180~360	180~270	排气		做功		压缩	进气		
	270~360	排气	进气	压缩	做功	排气	压缩	进气	做功
360~540	360~450	进气		排气		做功	压缩		
	450~540	进气	压缩	排气	做功	进气	做功	压缩	排气
540~720	540~630	压缩		进气		排气	做功		
	630~720	压缩	做功	进气	排气	压缩	做功	排气	进气

图2-4-12 V型8缸发动机工作顺序和曲轴曲拐布置

W型发动机糅合了两个VR型气缸组，单个气缸内气缸之间的夹角为15°，两个VR型气缸之间的夹角为72°。奥迪W12发动机气缸布置如图2-4-13所示。每侧的一个连杆与另一侧位置对应的连杆安装于同一个曲轴轴颈上，其工作顺序为L1-R6-L5-R2-L3-R4-L6-R1-L2-R5-L4-R3。

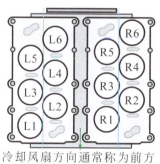

冷却风扇方向通常称为前方

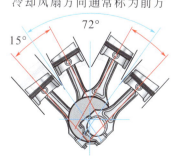

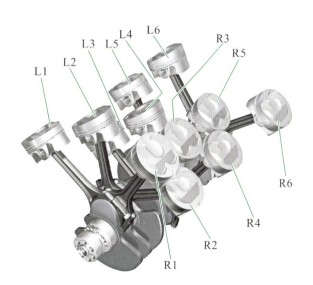

图2-4-13 奥迪W型12发动机气缸布置

2.4.3 配气机构

四行程发动机都采用气门式配气机构。其作用是按照发动机的工作顺序和工作循环要求，定时开启和关闭各气缸的进、排气门，使新气（汽油机是汽油和空气的混合气体，柴油机是新鲜空气）进入气缸，废气排出气缸。

气门式配气机构由气门传动组和气门组两部分组成。现代的汽车发动机均采用顶置气门，即进、排气门位于发动机气缸盖上，倒挂于气缸顶上。驱动气门的凸轮轴则有下置式、中置式和顶置式三种。现代的汽车多采用顶置凸轮轴结构。奥迪V12 TDI发动机配气机构如图2-4-14所示。

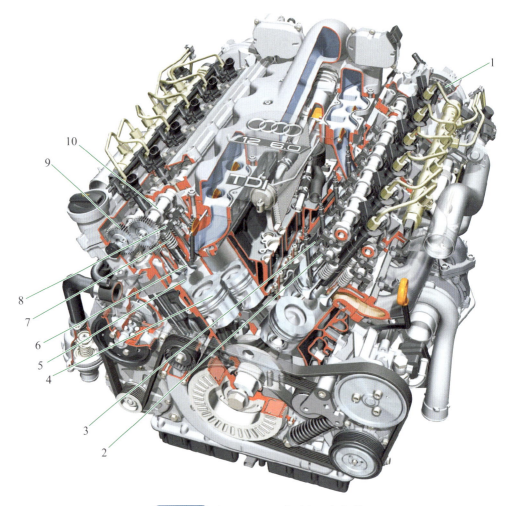

图2-4-14 奥迪V12 TDI发动机配气机构

1—凸轮轴驱动链轮；
2—摇臂；
3—液压挺柱；
4—活塞；
5—气缸；
6—气门；
7—气门弹簧；
8—摇臂；
9—凸轮轴同步齿轮；
10—凸轮轴

（1）气门传动组

气门传动组主要包括凸轮轴、正时齿轮、挺柱及其导杆、推杆、摇臂和摇臂轴等，其作用是使进、排气门按配气相位规定的时刻进行开闭，并保证有足够的开度。L4、V6、W12发动机气门传动组如图2-4-15所示。

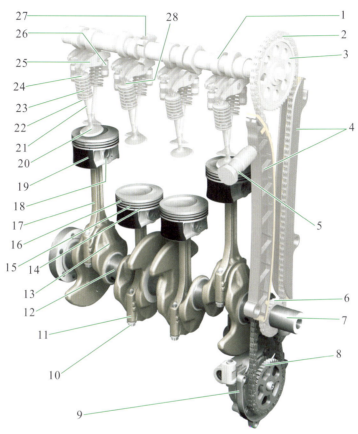

(a) EA888（L4）发动机气门传动组

1—凸轮轴；
2—凸轮轴驱动链条；
3—凸轮轴驱动链轮；
4—凸轮轴驱动链条导轨；
5—凸轮轴驱动链条张紧器；
6—曲轴上的凸轮轴驱动链轮；
7—曲轴轴颈（安装曲轴皮带轮）；
8—机油泵驱动链轮；
9—机油泵；
10—连杆轴瓦下盖紧固螺栓；
11—连杆轴瓦下盖；
12—曲轴主轴颈；
13—曲轴；
14—油环；
15—第二道气环；
16—第一道气环；
17—连杆；
18—活塞销；
19—活塞；
20—气门；
21—气门导管；
22—下气门弹簧座；
23—气门弹簧；
24—上气门弹簧座；
25—摇臂；
26—液压挺住；
27—燃油喷射高压泵驱动轮；
28—气门弹簧锁片

图 2-4-15

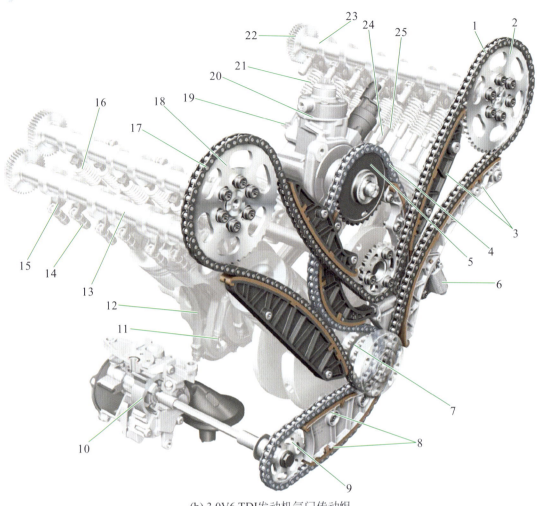

(b) 3.0V6 TDI发动机气门传动组

1—凸轮轴驱动链条；
2—凸轮轴驱动链轮；
3—驱动链条导轨；
4—高压油泵驱动链条；
5—高压油泵驱动链轮；
6—链条张紧器；
7—曲轴轴颈上的双链轮；
8—机油泵驱动链条导轨；
9—机油泵驱动链轮；
10—机油泵；
11—连杆下轴瓦紧固螺栓；
12—连杆；
13—凸轮轴（左侧气缸）；
14—液压挺柱；
15—摇臂；
16—上气门弹簧座；
17—凸轮轴驱动链条（左侧气缸）；
18—凸轮轴驱动链轮（左侧气缸）；
19—气门；
20—高压油泵；
21—气门弹簧；
22—凸轮轴同步齿轮（右侧气缸）；
23—凸轮轴（右侧气缸）；
24—气门导管；
25—下气门弹簧座

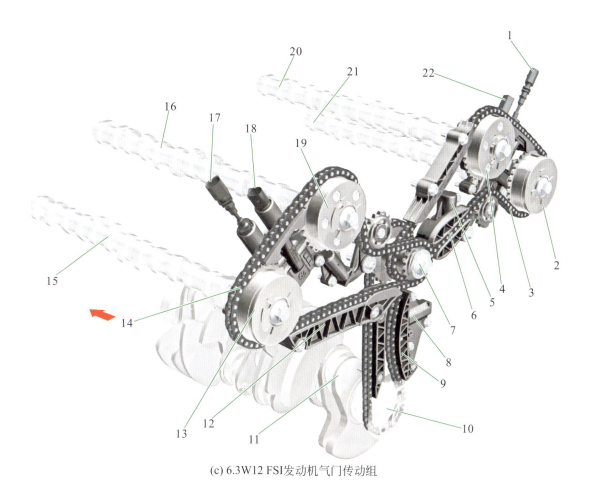

(c) 6.3W12 FSI发动机气门传动组

1—排气凸轮轴正时调节执行器（右侧气缸）；
2—带可变气门升程的排气凸轮轴（右侧气缸）；
3—凸轮轴驱动链条；
4—带可变气门升程的进气凸轮轴（右侧气缸）；
5—凸轮轴驱动链条张紧器；
6—凸轮轴驱动链条导轨；
7—中间齿轮轴；
8—中间齿轮轴链条张紧器；
9—中间齿轮轴链条导轨；
10—曲轴输出法兰；
11—曲轴；
12—左侧气缸驱动链条导轨；
13—带可变气门升程的排气凸轮轴链轮（左侧气缸）；
14—凸轮轴驱动链条（左侧气缸）；
15—排气凸轮轴（左侧气缸）；
16—进气凸轮轴（左侧气缸）；
17—排气凸轮轴正时调节执行器（左侧气缸）；
18—进气凸轮轴正时调节执行器（左侧气缸）；
19—带可变气门升程的进气凸轮轴链轮（左侧气缸）；
20—进气凸轮轴（右侧气缸）；
21—排气凸轮轴（右侧气缸）；
22—进气凸轮轴正时调节执行器（右侧气缸）

图2-4-15 L4、V6、W12发动机气门传动组

（2）气门组

气门组由气门、气门导管、气门弹簧（部分发动机有内、外气门弹簧）、气门油封、上下气门弹簧座、气门锁片等组成。气门组安装在气缸盖上，在凸轮轴、液压挺柱、摇臂的作用下开启和关闭。L4、W12发动机气门组及在气缸盖中的装配关系如图2-4-16所示。

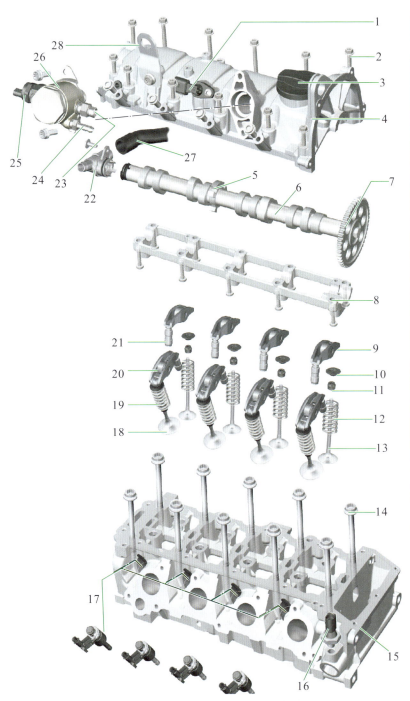

1—霍尔式凸轮轴位置传感器；
2—气缸盖罩盖紧固螺栓；
3—机油加注口；
4—气缸盖罩盖；
5—霍尔式凸轮轴位置传感器信号轮；
6—凸轮轴；
7—凸轮轴链轮；
8—凸轮轴轴承盖；
9—摇臂（排气侧）；
10—上气门弹簧座（排气侧）；
11—气门弹簧油封（排气侧）；
12—气门弹簧（排气侧）；
13—排气门；
14—气缸盖螺栓；
15—气缸盖；
16—机油压力开关；
17—直喷喷油器；
18—进气门；
19—气门弹簧（进气侧）；
20—摇臂（进气侧）；
21—液压挺柱（进气侧）；
22—凸轮轴密封盖；
23—高压油泵高压端接口；
24—高压油泵低压端接口（进油管路）；
25—燃油压力调节阀；
26—燃油高压泵；
27—曲轴箱排气系统的连接管道；
28—悬挂吊耳

(a) EA888（L4）发动机气门组及在气缸盖中的装配关系

1—曲轴箱通风管接口；
2—进气凸轮轴轴承盖；
3—进气凸轮轴轴承盖紧固螺母；
4—排气凸轮轴轴承盖紧固螺母；
5—排气凸轮轴轴承盖；
6—排气凸轮轴；
7—排气门（短）；
8—液压挺柱（排气门）；
9—气门弹簧上盖（排气门）；
10—气门弹簧锁片（排气门）；
11—气门弹簧油封（排气门）；
12—气门弹簧（排气门）；
13—气门导管（排气门）；
14—排气门（长）；
15—凸轮轴轴承盖螺栓；
16—气缸盖；
17—悬挂吊耳；
18—进气门（长）；
19—气门导管（进气门）；
20—进气门（短）；
21—气门油封（进气门）；
22—气门锁片（进气门）；
23—气门弹簧上座（进气门）；
24—液压挺柱（进气门）；
25—摇臂（进气门）；
26—高压油泵驱动齿轮；
27—进气凸轮轴；
28—摇臂（排气门）；
29—液压挺柱（排气门）；
30—燃油压力调节阀；
31—高压燃油泵；
32—高压油泵低压端接口（进油管路）；
33—高压油泵高压端接口；
34—气缸盖罩盖紧固螺栓；
35—气缸盖罩盖

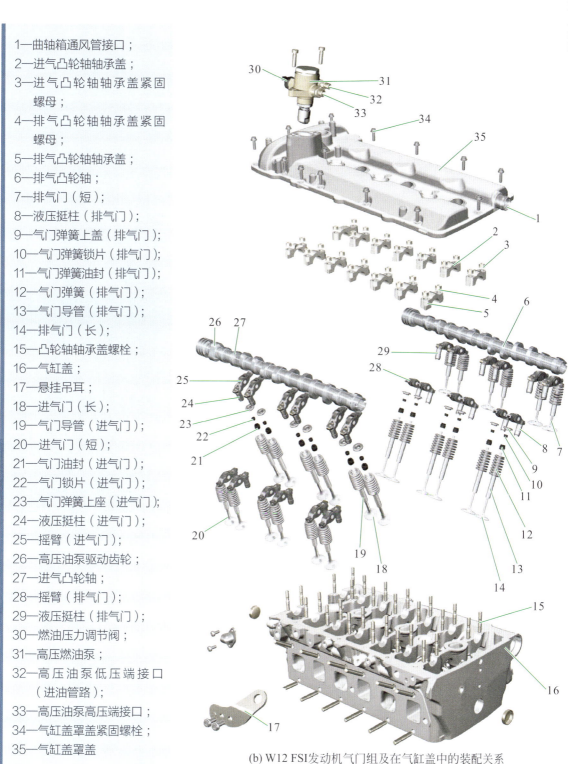

(b) W12 FSI发动机气门组及在气缸盖中的装配关系

图2-4-16　L4、W12发动机气门组及在气缸盖中的装配关系

（3）大众/奥迪可变气门升程

大众/奥迪可变气门升程主要通过排气凸轮轴上的电子气门升程切换以及进、排气门凸轮轴上的可变正时，实现对每个气缸气体交换的优化控制，发动机电子控制单元根据当前发动机负荷情况决定使用哪个凸轮，较小的凸轮仅用于低转速。

可变气门升程有以下好处：优化气体交换；防止废气回流到之前的180°排气缸；进气门打开的时间更早，气体填充程度更充分；通过燃烧室内的高压少量余气；提升响应性；在较低的转速和较高增压压力下达到更高的扭矩。

大众/奥迪可变气门升程如图2-4-17所示。

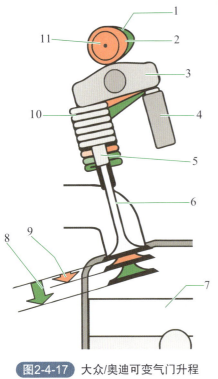

图2-4-17 大众/奥迪可变气门升程

1—大凸轮轮廓；
2—小凸轮轮廓；
3—滚轮摇臂棘爪；
4—液压挺柱；
5—气门导管；
6—排气门；
7—活塞；
8—大开启行程；
9—小开启行程；
10—气门弹簧；
11—排气凸轮轴

① 凸轮轴构造　为了在排气凸轮轴上两个不同的气门升程之间相互切换，凸轮轴上安装有4个可移动的凸轮件（带有内花键）。每个凸轮件上都装有两对凸轮，其凸轮升程是不同的。通过执行器对两种升程进行切换。执行器接合每个凸轮件上的滑动槽，并移动凸轮轴上的凸轮件。每个凸轮件有两个执行器用于在两种升程之间来回切换。

凸轮轴中的弹簧加载式球体将凸轮件锁定在其各自的端部位置。凸轮轴的滑动槽和轴向推力轴承会限制凸轮件的移动，如图2-4-18所示。

1—可移动凸轮件；
2—带外滑键的排气凸轮轴；
3—用球体和弹簧锁定凸轮件

图2-4-18 大众/奥迪可变气门升程凸轮轴构造

② 执行器 在两个电执行器（电磁阀）[气缸1～4的排气凸轮轴执行器（电磁阀）A/B]的辅助下，排气凸轮轴上的每个凸轮件在两个切换位置之间被来回推动。每个气缸的一个执行器切换到更大的气门升程，另一个执行器切换到更小的气门升程。

每个执行器由发动机控制单元的接地信号启动。通过主继电器提供电压。执行器的电流消耗约为3A，执行器的位置结构与原理如图2-4-19所示。

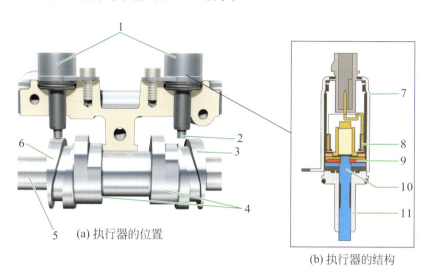

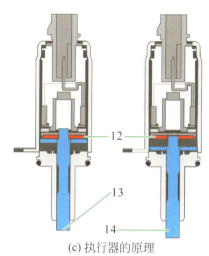

图2-4-19 执行器的位置、结构与原理

1—执行器（电磁阀）；
2,10—金属销；
3,6—复位斜面；
4—可移动凸轮件；
5—排气凸轮轴；
7—壳体；

8—电磁线圈；
9—永久磁铁；
11—导管；
12—永久磁铁；
13—缩入的金属销；
14—伸出的金属销

当电流通过执行器电磁线圈时,金属销在 18～22ms 内被移动。伸展的金属销接合到排气凸轮轴上凸轮件的相关滑动槽中,并通过凸轮轴旋转推动滑动槽到相应的切换位置。销通过机械方式在滑动槽(相当于一个复位斜面)的作用下缩进去。

凸轮件的两个执行器被启动时,总是只有一个执行器上的金属销移动。

③ 发动机转速低时的凸轮轴位置及切换　发动机在较低转速负荷下的凸轮轴位置及切换如图2-4-20所示。

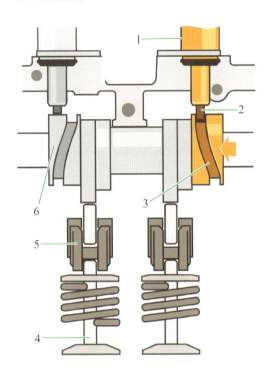 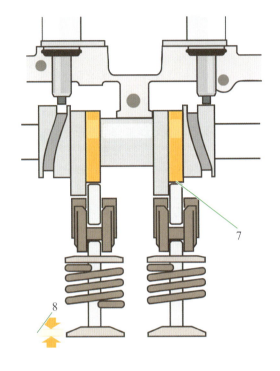

为了使这个负载范围内的气体交换性能更佳,发动机管理系统通过凸轮轴调节器将进气凸轮轴提前,将排气凸轮轴延迟。气门升程切换至更小的排气凸轮轮廓,而且右侧执行器移动金属销。它接合滑动槽,并将凸轮件移至小凸轮轮廓。

气门现在沿着较小的气门轮廓上下移动。两个小凸轮的位置在某种程度上是交错的,确保气缸两个排气门的开启时间是错开的。这两项措施会导致在废气被从活塞中排到涡轮增压器中时,废气气流的脉动减小,从而可在低转速范围达到较高的增压压力。

图2-4-20　发动机在低转速下的凸轮轴位置及切换

1—执行器;
2—金属销;
3—滑动槽;
4—气门;
5—滚动摇臂棘爪;
6—凸轮件;
7—滚动摇臂棘爪在小凸轮上运行;
8—小行程开启

④ 发动机在部分负载和全负载下的凸轮轴位置及切换　发动机在部分负载和全负载下的凸轮轴位置及切换如图2-4-21所示。

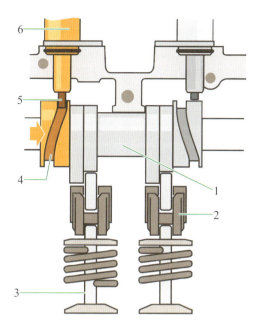 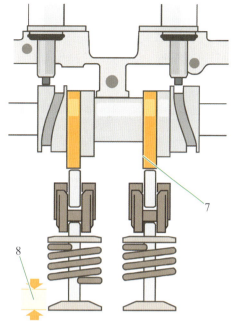

（a）驾驶员踩加速踏板，并从部分负载改变为全负载。气缸内的气体交换必须适应更高的性能需求。发动机管理系统通过凸轮轴调节器将进气凸轮轴提前，将排气凸轮轴延迟。为达到最佳的气缸填充性能，排气门需要最大的气门升程。为了达到此目的，左执行器被启动，由左执行器移动其金属销。

（b）金属销通过滑动槽将凸轮件移向大凸轮。排气门现在以最小的升程打开和关闭。凸轮件也通过凸轮轴中的弹簧加载式球体被固定在此位置。

图2-4-21 发动机在部分负载和全负载下的凸轮轴位置及切换

1—凸轮件；
2—滚轮摇臂棘爪；
3—气门；
4—滑动槽；
5—金属销；
6—执行器；
7—滚轮摇臂棘爪在大凸轮上运行；
8—大气门开度

⑤ 配气相位　以曲轴转角表示的进、排气门开闭时刻及其开启的持续时间称为配气定时。

进气门在进气行程上止点之前开启称为早开。从进气门开启到上止点，曲轴所转过的角度称为进气提前角。进气门在进气行程下止点之后关闭称为晚关。从进气行程下止点到进气门关闭，曲轴转过的角度称为进气迟后角。

进气门早开的目的是为了在进气开始时进气门能有较大的开度或较大的进气通过断面，以减小进气阻力，使进气顺畅。进气门晚关则是为了充分利用气流的惯性，在进气迟后角内继续进气，以增加进气量。进气阻力减小不仅可以增加进气量，还可以减少进气过程消耗的功率。

排气门在做功行程结束之前，即在做功行程下止点之前开启称为排气门早开。从排气门开启到下止点，曲轴转过的角度称为排气提前角。排气门在排气行程结束之后，即在排气行程上止点之后关闭称为排气门晚关。从上止点到排气门关闭，曲轴转过的角度称为排气迟后角。

排气门早开的目的是为了在排气门开启时气缸内有较高的压力，使废气能以很高的速度自由排出，并在极短的时间内排出大量废气。排气门晚关则是为了利用废气流动的惯性，在排气迟后角内继续排气，以减少气缸内的残余废气量。

由于进气门早开和排气门晚关，致使活塞在上止点附近出现进、排气门同时开启的现象称为气门重叠。重叠期间的曲轴转角称为气门重叠角，它等于进气提前角与排气迟后角之和。虽然进、排气门在一段时间内同时开启，但是由于新气和废气都有较大的流动惯性，它们仍然各行其道，并不互相掺混。因此，只要气门重叠角选得适当，便可以使进气更充分，排气更干净。如果气门重叠角太大，就会引起不良后果。

不同的发动机，由于结构和转速的不同，其配气定时也不相同。即使是同一台发动机，其配气定时也应随转速的变化而变化。

丰田3AZ-FE发动机配气相位如图2-4-22所示

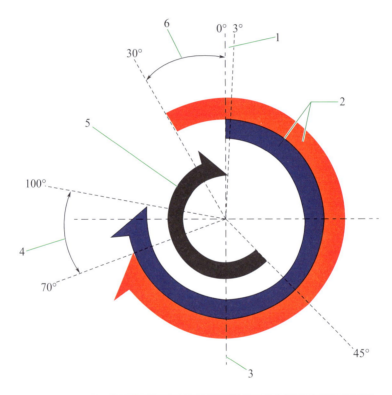

进气	打开	0° ~ 30° BTDC（上止点前）
	关闭	70° ~ 100° ABCD（下止点后）
排气	打开	45° BBDC（下止点前）
	关闭	3° ATDC（上止点后）

图2-4-22 丰田3AZ-FE发动机配气相位

1—上止点（TDC）；
2—进气门开度；
3—下止点（BDC）；
4,6—VVT—i工作范围；
5—排气门开度

2.4.4 冷却系统

冷却系统的功用是使发动机在所有工况下都保持在适当的温度范围内。冷却系统既要防止发动机过热，又要在冬季防止发动机过冷。在发动机冷启动后，还要保证发动机快速升温，尽快达到正常工作的目的。

发动机冷却系统有风冷和水冷之分。以空气为冷却介质的称为风冷；以冷却液为冷却介质的称为水冷。一般摩托车发动机采用风冷，汽车发动机绝大多数采用水冷。

汽车发动机水冷却系统采用强制循环水冷，利用冷却液泵里的高压冷却液的压力，强制冷却液在发动机中循环流动。汽车发动机水冷却系统示意图如图2-4-23所示。

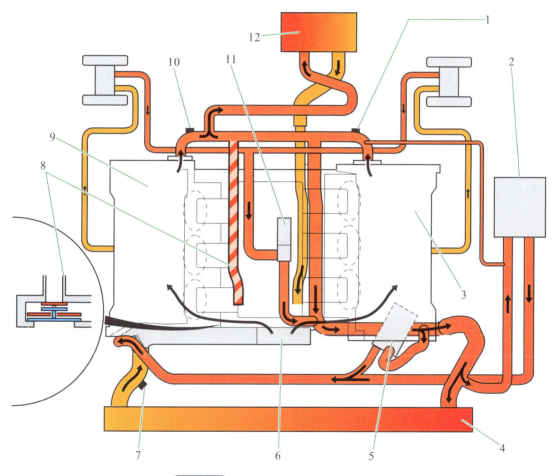

图2-4-23　汽车发动机水冷却系统示意图

1—冷却液继续循环的热敏开关；
2—补偿罐；
3—右侧气缸；
4—散热器；
5—机油冷却器；
6—冷却液泵；
7—散热器风扇的热敏开关；
8—短路管；
9—左侧气缸；
10—冷却液温度传感器；
11—冷却液继续循环泵；
12—暖风交换器

（1）奥迪1.2TFSI发动机冷却系统

奥迪1.2TFSI发动机通过一个带两个节温器的节温器壳体对气缸盖和气缸体分流的冷却液进行不同的温度控制调节，如图2-4-24所示。

当冷却液温度约为80℃时，气缸盖节温器开始打开。为温度为135℃时，它的开口最大。

气缸体的节温器在87℃时开始打开。当温度为135℃时，它同样也达到最大开口。在发动机预热阶段气缸体节温器关闭，气缸体内冷却液停止流通。气缸衬套迅速加热，活塞组的摩擦明显降低，此时气缸盖冷却加强，从而改善抗爆燃能力。

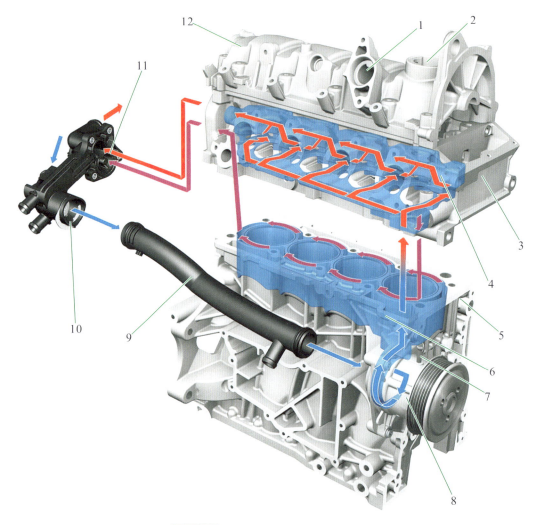

图2-4-24　奥迪1.2TFSI发动机冷却系统

1—燃油高压泵安装位置；
2—机油加注口；
3—气缸盖；
4—气缸盖内的冷却液管路；
5—气缸体；
6—气缸体内的冷却液管路；
7—真空管；
8—可开关的冷却液泵；
9—冷却液管（通往节温器）；
10—气缸盖节温器；
11—气缸体节温器；
12—气缸盖罩盖

（2）奥迪1.2TFSI发动机热能管理系统（多功能冷却液泵）

奥迪1.2TFSI发动机采用多功能可开关的冷却液泵实现发动机的热能管理。热能管理系统的任务是辅助发动机快速达到工作温度，可以降低燃油消耗并减少废气排放。

在发动机预热阶段，热能管理功能通过让"冷却液静止"来达到以下目的。

① 当"暖风关闭"时，冷却液温度最高至90℃。

② 当"暖风开启"时，最长持续2min。

可开关的冷却液泵安装位置及分解图如图2-4-25所示。

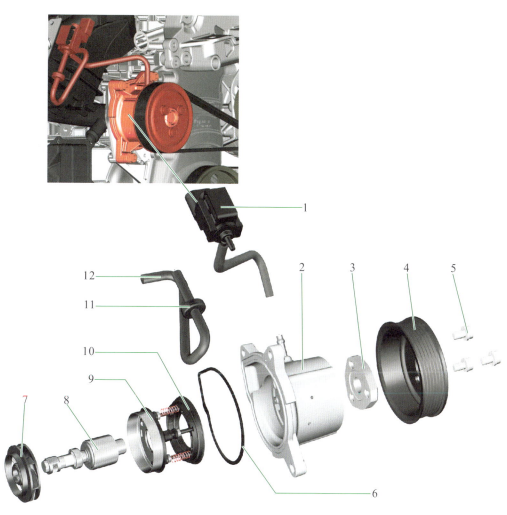

图2-4-25 可开关的冷却液泵安装位置及分解图

1—冷却液循环系统电磁阀；
2—燃油泵壳；
3—驱动轮支架；
4—驱动轮；
5—紧固螺栓；
6—气缸体密封件；
7—皮带轮；
8—驱动轴；
9—泵轮遮蔽罩；
10—膜片；
11—止回阀；
12—通往进气管的软管接口

可开关的冷却液泵工作原理如图2-4-26所示。

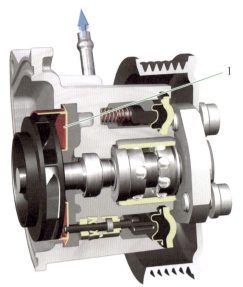
(a) 无冷却液流动

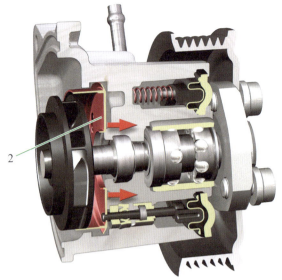
(b) 有冷却液流动

挡板被移到叶轮上面，以此切断冷却液液流。使用真空和弹簧力移动挡板。

如果（真空）激活调节机构，那么挡板即逆弹簧力移动并由此遮住叶轮。冷却液流被中断。

这一转换的条件是冷却液温度低于30℃。

如要让冷却液流动，那么需关闭输入的真空压力。此时挡板被弹簧力拉回。

重新接通时的特征：接通和关闭的持续时间为1s。

① 该循环先后多次发生。
② 循环的间隔约为7s。

这样，从发动机流出的热的冷却液就可以慢慢地与冷的冷却液混合。在有暖风要求时，冷却液泵立即打开。

通过冷却液循环系统电磁阀对冷却液泵进行操控。它由发动机控制器开关（按照特性曲线计算）使用PWM信号进行操控。

挡板不可随意移动，它只有打开或关闭两种方式。

当阀门无电流或者失灵时，无法调节冷却液流，因为挡板受弹簧力作用被保持在压回的位置上（最大冷却液流量）。

关闭状态时失灵：缓慢达到发动机的工作温度。

打开状态时失灵：由于冷却液泵不能输送，因此冷却液温度上升到不允许的高度。废气警告灯被接通。

(c) 真空控制

图2-4-26 可开关的冷却液泵工作原理

1—挡板（被移动到叶轮上）；
2—挡板（在弹力作用下离开叶轮）；
3—冷却液循环系统电磁阀

（3）奥迪1.2TFSI冷却系统各工况下的冷却液循环

奥迪1.2TFSI冷却系统各工况下的冷却液循环如图2-4-27所示。

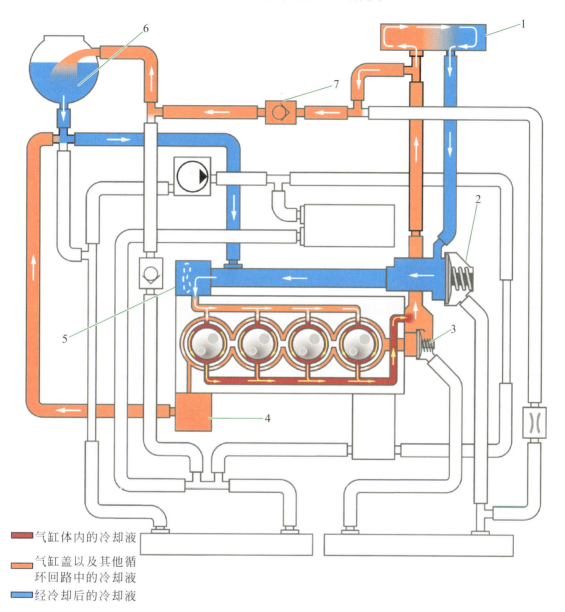

■ 气缸体内的冷却液
■ 气缸盖以及其他循环回路中的冷却液
■ 经冷却后的冷却液

(a) 发动机冷态时的冷却液循环

在发动机冷车启动后，可开关的冷却液泵即被接通，冷却液流动由此被中断。如果没有加热要求，那么发动机迅速升温。如有加热要求，那么"冷却液静止"大约2min。两个节温器关闭

图 2-4-27

1—暖风热交换器；
2—气缸盖节温器；
3—气缸体节温器；
4—机油冷却器；
5—可开关的冷却液泵；
6—冷却液补偿管；
7—返回阀

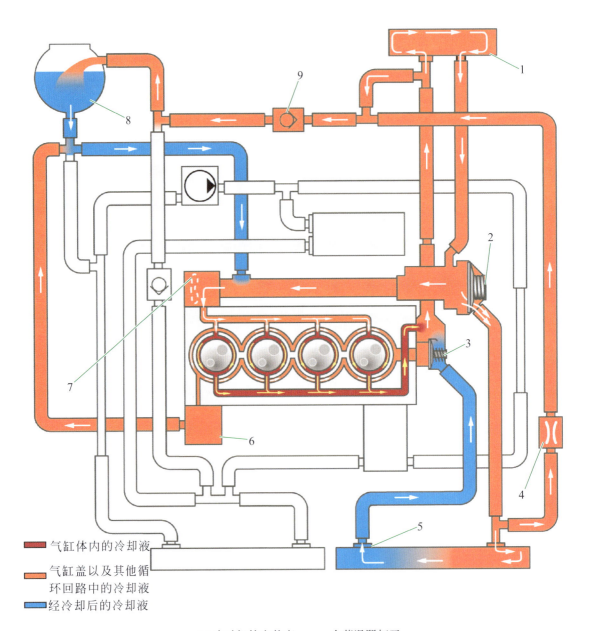

(b) 发动机热车状态——一个节温器打开

当冷却液温度达到80℃时,气缸盖节温器自行打开。主散热器进入冷却液循环

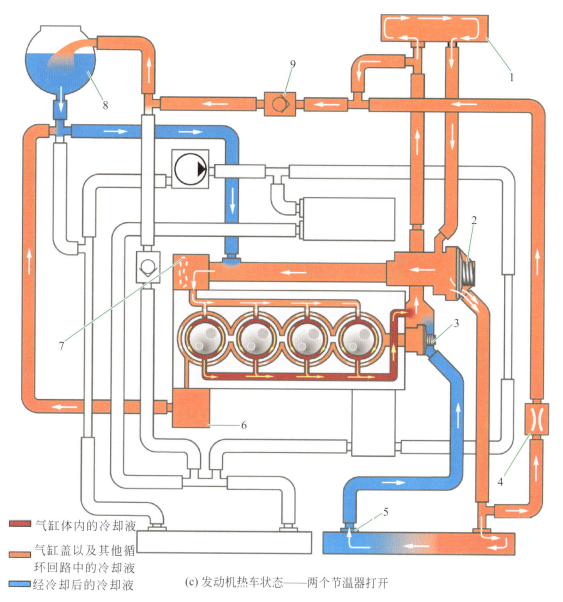

■ 气缸体内的冷却液
■ 气缸盖以及其他循环回路中的冷却液
■ 经冷却后的冷却液

(c) 发动机热车状态——两个节温器打开

当冷却液温度达到80℃时，气缸盖节温器自行打开。主散热器进入冷却液循环

图2-4-27 奥迪1.2TFSI冷却系统各工况下的冷却液循环

1—暖风热交换器；
2—气缸盖节温器；
3—气缸体节温器；
4—节流阀；
5—散热器；
6—机油冷却器；
7—可开关的冷却液泵；
8—补偿罐；
9—止回阀

（4）大众EA888发动机冷却系统

大众EA888发动机冷却系统回路的主要特点包括集成在气缸盖中的排气歧管以及新的旋转阀组件，尤其是采用了创新型热量管理系统。其冷却系统示意图如图2-4-28所示。

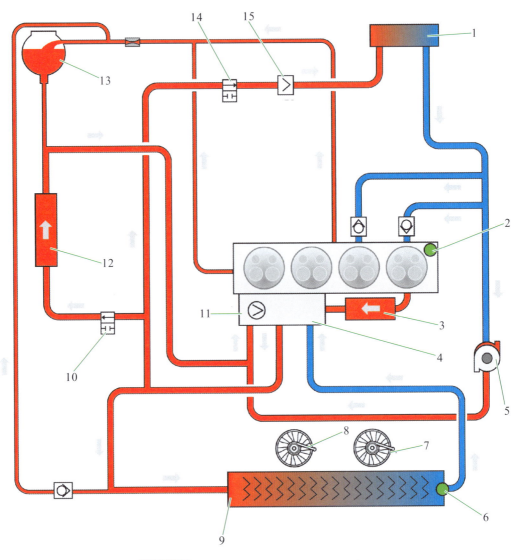

图2-4-28 大众EA888发动机冷却系统示意图

1—加热器交换器；
2—冷却液温度传感器；
3—发动机机油冷却器；
4—带冷却液泵的旋转阀组件；
5—涡轮增压器；
6—散热器出口冷却液温度传感器；
7—散热器风扇1；
8—散热器风扇2；
9—主水冷却器；
10—冷却液切换阀；
11—发动机温度调节执行器；
12—齿轮油冷却器（可选件）；
13—冷却液膨胀箱；
14—自动空调冷却液切断阀；
15—冷却液再循环泵

EA888发动机创新型热量管理系统（ITM）是针对发动机和变速箱的一项智能冷启动及暖机程序，它可实现全可变发动机温度调节，对冷却液液流进行目标控制。核心元件是发动机温度调节执行器（旋转阀组件），其通过螺钉固定到气缸盖下方的进气侧曲轴箱上。旋转阀组件安装位置如图2-4-29所示。

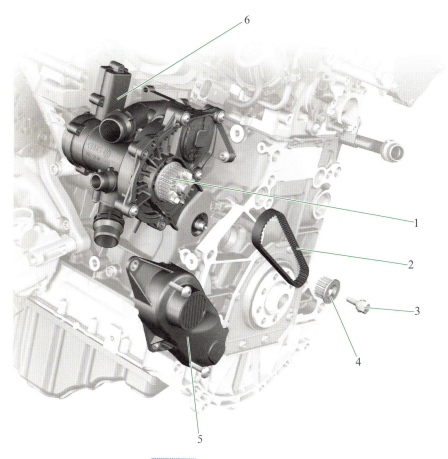

图2-4-29 旋转阀组件安装位置

1—冷却液泵输入小齿轮；
2—齿形皮带；
3—固定左旋螺纹螺栓；
4—平衡轴上的输入小齿轮；
5—齿形皮带传动装置盖；
6—带冷却液泵的发动机温度调节执行器

发动机温度调节执行器（旋转阀组件）包含冷却液泵、两个旋转阀、恒温器、用于控制冷却液液流的发动机温度调节执行器、带转向角度传感器的齿轮。冷却液泵由平衡轴齿形皮带驱动。

旋转阀组件的主要特点是组件内包含两个旋转阀元件，由发动机温度调节执行器通过电力驱动。旋转阀剖视图及分解图如图2-4-30所示。旋转阀1通过一根轴由发动机温度调节执行器直接驱动。旋转阀2通过一个中间齿轮（针齿轮）在旋转阀1上齿形门的作用力下运转。这表示旋转阀1和旋转阀2是通过机械方式联动的，在运转时会互相影响。另一个恒温器带有扩张元件，其功能是作为一项安全装置（紧急恒温器），发生故障时在113℃的温度下启动。

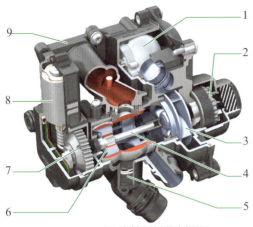

(a) 旋转阀组件剖视图

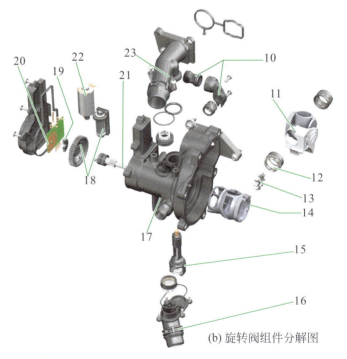

(b) 旋转阀组件分解图

图2-4-30 旋转阀剖视图及分解图

1,11—旋转阀2；
2—冷却液驱动泵；
3—冷却液泵；
4—驱动轴；
5—紧急模式恒温器；
6,14—旋转阀1；
7—带转向角传感器的齿轮；
8—发动机温度调节执行器；
9—旋转阀组件外壳；
10—发动机机油冷却器连接口；
12—中间齿轮；
13—齿形门；
15—紧急模式恒温器；
16—冷却液回流连接件；
17—壳体；
18—变速箱；
19—带转向角度传感器的控制板；
20—电路板；
21—驱动桥；
22—电机；
23—冷却器供给管路连接器

（5）大众EA888发动机冷却系统各工况下的冷却液循环

大众EA888发动机冷却系统各工况下的冷却液循环如图2-4-31所示。

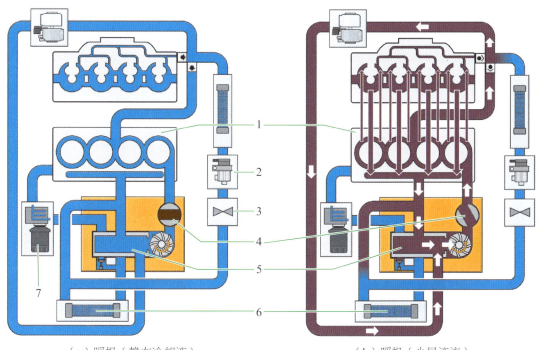

（a）暖机（静态冷却液） （b）暖机（少量液流）

为保持发动机内燃烧产生的热量，旋转阀2关闭，切断冷却液泵流向发动机气缸体的液流。旋转阀1阻止来自发动机机油冷却器的回流以及来自主水冷却器的回流。

自动空调冷却液切断阀中断流向制暖和空调系统的冷却液液流。电动冷却液继续循环泵关闭。

暖机范围中的控制阶段旨在通过排气歧管的静态冷却液来防止气缸盖和涡轮增压器过热。当旋转阀1的角度为145°时，旋转阀2接合，并轻微开启，让冷却液液流流向气缸体。少量冷却液液流流经气缸体、气缸盖和涡轮增压器，流回旋转阀组件和冷却液泵。防止热量聚集以及气缸盖和涡轮增压器过热。

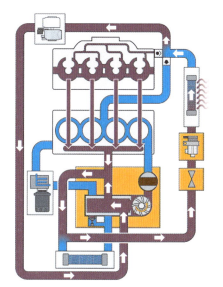

如果在此阶段需要对车内制暖，自动空调冷却液切断阀开启，且冷却液继续循环泵开始输送液体。旋转阀2暂时中断，冷却液流向气缸体。冷却液被导向气缸盖、涡轮增压器和加热器交换器，这会让发动机的暖机阶段更长。

自动空调冷却液切断阀和冷却液再循环泵的激活总是符合后续控制范围的需求。流到发动机气缸体的冷却液液流减少，或在需要时被旋转阀2阻止。

（c）暖机（少量液流）以及车内制暖

图 2-4-31

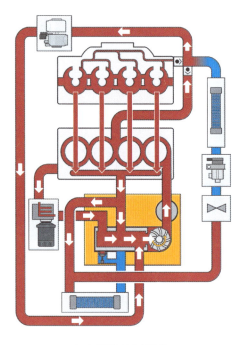 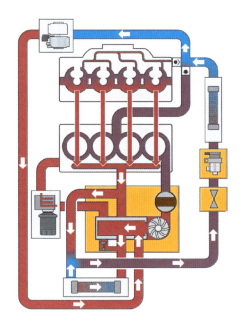

（d）温度控制范围　　　　　　　　　　　　（e）发动机关闭时的继续运行模式

热量管理系统以无缝方式从暖机范围过渡到温度控制范围。旋转阀组件调节是动态的，而且根据发动机负荷而定。为了释放余热，接自旋转阀组件的主水冷却器连接件打开。发动机温度调节执行器根据需要释放的热量的多少，将旋转阀1置于0°～85°的位置。当旋转阀1处于0°位置时，接至主水冷却器的连接件完全开启。

如果发动机在较低的负荷和转速下（部分负载范围）运行，热量管理系统会将冷却液温度调节至107℃。因为不需要全部的冷却力，旋转阀1暂时关闭接至主水冷却器的连接装置。如果温度上升到限值以上，接至主水冷却器的连接装置再次开启。需要稳定地保持在开启和关闭状态，从而将温度尽可能恒定地保持在107℃。

当负荷和发动机转速提升时，通过完全打开接至主水冷却器的连接装置，冷却液温度降至85℃（满负荷范围）。

为防止冷却液在发动机停机时在涡轮增压器和气缸盖中沸腾，发动机控制单元通过图谱启动接续运行功能。在发动机停机后，此功能可运行多达15min。

在接续运行模式中，发动机温度调节执行器的旋转阀1处于160°～255°的位置。

接续运行模式中对冷却程度的需求越高，则阀处于越高的角度位置。在255°时，接至主水冷却器回流管路的连接装置完全打开，因此能传递最大的热量。

旋转阀2处于接续运行模式位置，并未接合到旋转阀1中。冷却液再循环泵供给的冷却液分为两股支流，流入冷却液回路。第一条支流流过气缸盖，然后流回冷却液继续循环泵。第二条支流通过旋转阀1流经涡轮增压器，流至主水冷却器，同样流回冷却液继续循环泵。当处于接续运行模式位置时，不会向气缸体供给冷却液。

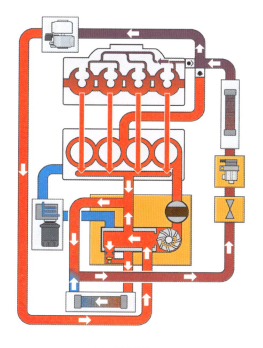

如果旋转阀组件的温度超过113℃，紧急恒温器则打开通向主水冷却器的旁通阀。如果旋转阀组件发生故障，这一设计使得车辆能够继续行驶有限的距离。如果发动机控制单元没有从发动机温度调节执行器接收到任何位置反馈，则它会驱动旋转阀，这样，无论当前的发动机负荷和运行温度如何，都可确保最佳的发动机冷却效果。

在旋转阀组件发生故障的情况下（如电动机发生故障或旋转阀驱动装置卡住），可采取进一步措施。

组合仪表上显示故障信息，同时发动机转速限制在4000r/min。警告音和亮起的EPC灯也会让驾驶员了解到相关情况。

以摄氏度为单位的实际冷却液温度通过数字形式显示在组合仪表内。

自动空调冷却液切断阀打开。

冷却液再循环泵启动以确保气缸盖冷却。

发动机控制单元的故障存储器中存储一条故障记录。如果来自转向角度传感器的位置信号发生故障，发动机控制单元会驱动旋转阀到安全侧，以便达到最大的冷却功效。

（f）紧急模式

图2-4-31 大众EA888发动机冷却系统各工况下的冷却液循环

1—气缸体；
2—电动冷却液再循环泵；
3—自动空调冷却液切断阀；
4—旋转阀1；
5—旋转阀2；
6—水冷却器；
7—发动机机油冷却器

（6）奥迪V63.0TDI发动机冷却系统剖视图

奥迪V63.0TDI发动机冷却系统剖视图如图2-4-32所示。

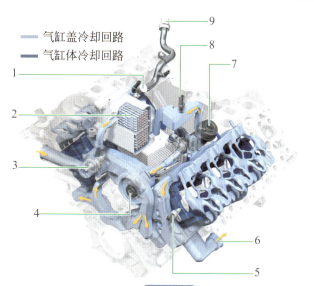

1—曲轴箱通风；
2—废气循环散热器；
3—节温器；
4—冷却液泵；
5—发动机冷却液温度传感器；
6—通往散热器；
7—冷却液截止阀；
8—冷却液温度传感器；
9—热水管

图2-4-32 奥迪V63.0TDI发动机冷却系统剖视图

2.4.5 润滑系统

发动机工作时,很多传动零件都是在很小的间隙下做高速相对运动的。若不对这些表面进行润滑,它们之间将发生强烈的摩擦致使发动机无法运转。

润滑系统的功用就是在发动机工作时连续不断地把数量足够、温度适当的洁净机油输送到全部传动件的摩擦表面,并在摩擦表面之间形成油膜,实现液体摩擦,从而减小摩擦阻力、降低功率消耗、减轻机件磨损,以达到提高发动机工作可靠性和耐久性的目的。

由于发动机传动件的工作条件不尽相同,因此,对负荷及相对运动速度不同的传动件采用不同的润滑方式。如图2-4-33所示为奥迪1.2TFSI发动机润滑系统剖视图。

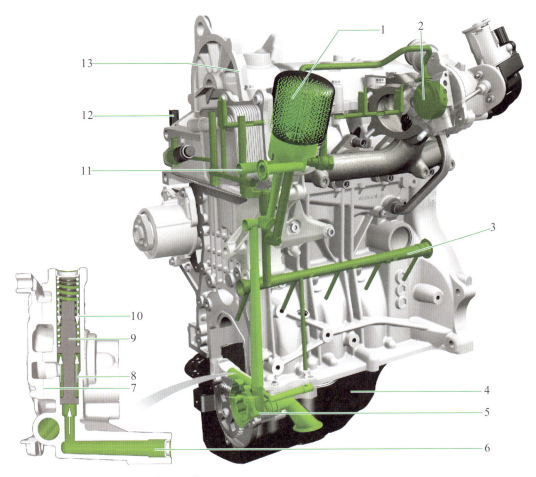

图2-4-33 奥迪1.2TFSI发动机润滑系统剖视图

1—机油滤清器;
2—废气涡轮增压器;
3—主机油通道;
4—油底壳;
5—油底壳泵;
6—来自机油主通道的机油压力;
7—机油泵外壳;
8—机油泵出口的油压;
9—调节活塞;
10—弹力;
11—机油冷却器接口;
12—机油压力开关;
13—气缸盖罩盖

（1）大众EA888发动机润滑系统

大众EA888发动机润滑系统采用了两段式外部齿轮机油泵，减小可调式机油泵的比率，扩大低压段的转速范围，降低低压段油压。活塞冷却喷油器采用电动切换式。EA888发动机润滑系统总图如图2-4-34所示。

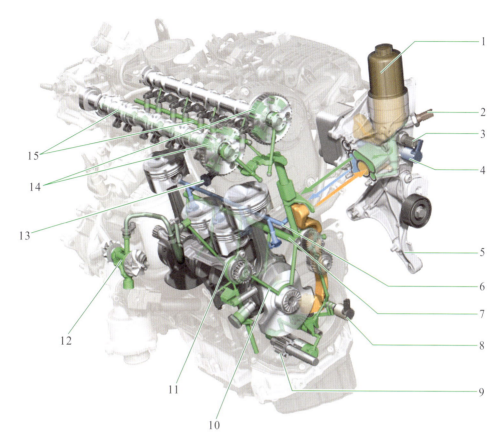

图2-4-34　EA888发动机润滑系统总图

1—机油滤清器；
2—用于降低油压的机油压力开关；
3—机油压力开关；
4—活塞冷却喷嘴控制阀；
5—辅助装置托架；
6—活塞冷却油道；
7—曲轴轴颈润滑油道；
8—机油压力控制阀；
9—两段式（可调式）外部齿轮机油泵；
10—曲轴轴颈润滑；
11—平衡轴轴颈润滑；
12—涡轮增压器润滑/冷却；
13—机油压力开关（凸轮轴执行器）；
14—凸轮轴正时齿轮润滑/调节；
15—凸轮轴润滑

两段式外部机油泵通过单独的链条由曲轴驱动。

安装于两段式外部齿轮机油泵中的滑动装置，能够让两个泵齿轮沿纵向移动，实现两段式泵动力控制。如果两个齿轮的高度完全相等，泵以最大的动力运行；如果两个齿轮一起被推动，则泵以更小的动力运行。

滑动装置由机油泵内的控制活塞推动。控制活塞将调节过的油液导向滑动装置的左侧或右侧，滑动装置根据油压纵向移动。

控制活塞由油压控制阀驱动。由低压段切换到高压段是由负载和（或）发动机转速决定的。低于此限值时，泵以1.5bar（1bar = 10^5Pa，下同）的压力运行。当达到4500r/min的转速时，泵会产生3.75bar的油压。两段式外部齿轮机油泵如图2-4-35所示。

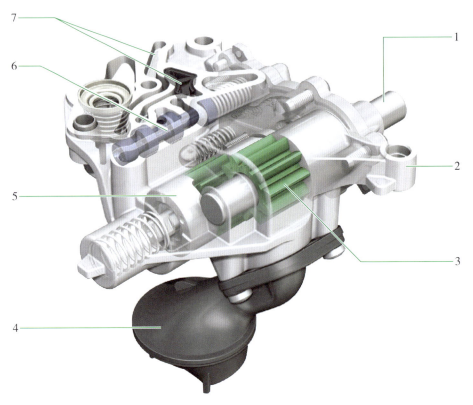

图2-4-35 两段式外部齿轮机油泵

1—驱动装置；
2—泵壳；
3—泵齿轮；
4—吸入管；
5—滑动装置；
6—控制活塞；
7—控制口

机油压力开关通过螺钉拧入机油滤清器下方的辅助装置托架，如图2-4-36（a）所示。

发动机管理系统通过此传感器检查机油泵是否在高油压段运行以及其他情况。

如果机油压力开关发生故障，发动机控制单元的故障存储器中会存储一条故障记录，且机油警告灯亮起。

机油压力控制阀通过螺栓固定到气缸体前边缘、辅助装置托架下方，如图2-4-36（b）所示。

机油压力控制阀由发动机控制单元驱动，让外部齿轮机油泵在两个压力段之间来回切换。为此，机油泵的控制活塞根据切换状态通过控制口由机油压力控制阀施加油压。控制活塞的位置促成压力切换。

如果机油压力控制阀发生故障，则将闭合。机油泵在高压段运行。

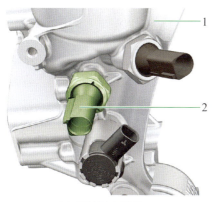
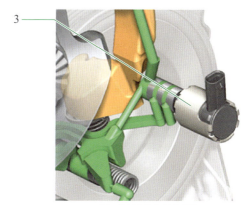

(a) 机油压力开关　　　　　　　　　　　　(b) 机油压力控制阀

图2-4-36　两段式外部齿轮机油泵

1—辅助装置托架；
2—机油压力开关（图2-4-34中的3）；
3—机油压力控制阀（图2-4-34中的8）

可切换活塞冷却喷嘴：活塞冷却喷嘴并不是在发动机所有工况下都开启，当油压超过0.9bar时才在控制电磁阀（图2-4-34中的4）的控制下打开，对活塞顶部进行冷却。可切换活塞冷却喷嘴剖视图如图2-4-37所示。

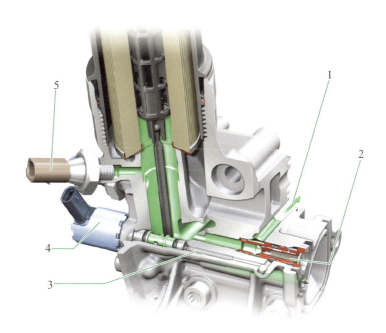

图2-4-37　可切换活塞冷却喷嘴剖视图

1—油道入口和活塞冷却喷嘴；
2—机械电磁阀；
3—控制通道；
4—活塞冷却喷嘴控制阀；
5—用于降低油压的机油压力开关

可切换活塞冷却喷嘴开启和关闭控制如图2-4-38所示。

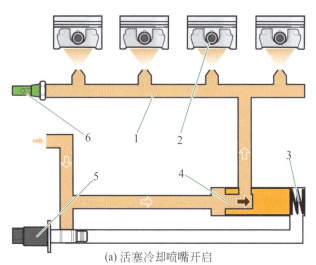

在切断电流的情况下，活塞冷却喷嘴控制阀关闭。这也会使控制阀和电磁阀之间的控制口关闭。然后，电磁阀将油压仅施加在一侧上，并沿着回位弹簧移动，直到连接至活塞冷却喷嘴的通道可用。油液从电磁阀流向其他的油道，然后再流向活塞冷却喷嘴，由此激活喷嘴。基于阶段3机油压力开关F447的信号，发动机控制单元确定活塞冷却喷嘴已激活。

(a) 活塞冷却喷嘴开启

1—带有活塞冷却喷嘴的油道；
2—活塞；
3—回位弹簧；
4—机械电磁阀；
5—活塞喷嘴控制阀（关闭）；
6—基于阶段3机油压力开关

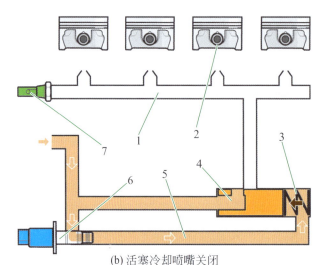

发动机控制单元驱动活塞冷却喷嘴控制阀关闭活塞冷却喷嘴。

在切换状态中，活塞冷却喷嘴控制阀打开电磁阀的控制口。电磁阀受到来自两侧施加的油压。回位弹簧的力更大，电磁阀被推回。油道连接管中的油液流动被中断，活塞冷却喷嘴关闭。基于阶段3机油压力开关的信号，发动机控制单元确定活塞冷却喷嘴已激活。

(b) 活塞冷却喷嘴关闭

1—带有活塞冷却喷嘴的油道；
2—活塞；
3—回位弹簧；
4—机械电磁阀；
5—控制口；
6—活塞喷嘴控制阀（开启）；
7—基于阶段3机油压力开关

图2-4-38 可切换活塞冷却喷嘴开启和关闭控制

（2）奥迪6.3L W12FSI发动机润滑系统

奥迪6.3L W12FSI发动机润滑系统如图2-4-39所示。

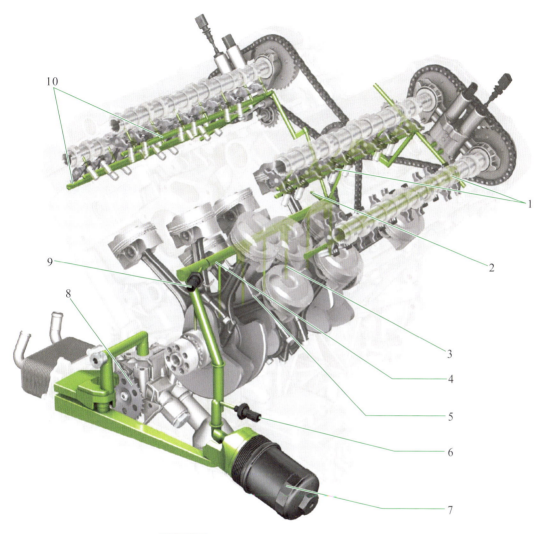

图2-4-39 奥迪6.3L W12FSI发动机润滑系统

1—凸轮轴润滑油道（气缸列2）；
2—链条张紧器润滑油道；
3—曲轴主轴承润滑油道；
4—主油道；
5—活塞冷却喷油器；
6—用于降低油压的机油压力开关（1.2～1.6bar）；
7—机油滤清器；
8—机油泵；
9—机油压力开关（3.8～4.6bar）；
10—凸轮轴润滑油道（气缸列1）

奥迪6.3L W12FSI发动机润滑机油泵、油底壳、机油冷却器装配关系如图2-4-40所示，机油泵分解如图2-4-41所示。

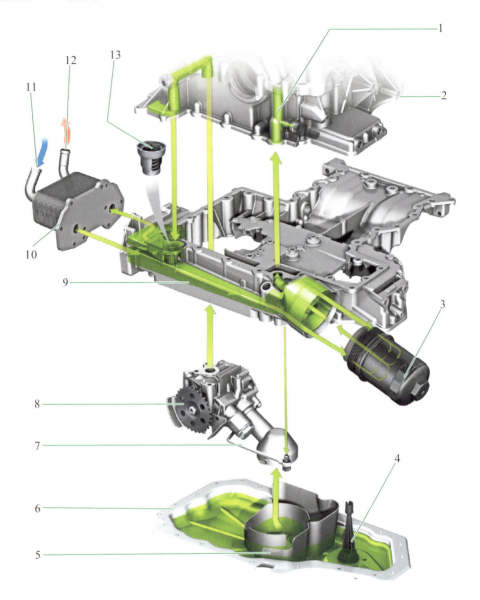

图2-4-40 奥迪6.3L W12FSI发动机机油泵、油底壳、机油冷却器装配关系

1—机油输出；
2—气缸体；
3—机油滤清器；
4—机油液位和机油温度传感器；
5—挡板；
6—油底壳；
7—油管；
8—机油泵；
9—油底壳挡板；
10—机油冷却器；
11—冷却液供给；
12—冷却液回流管；
13—机油冷却器旁通阀

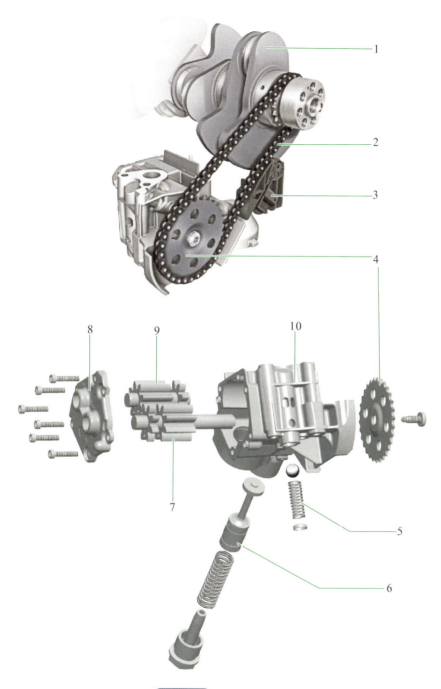

图2-4-41 机油泵分解图

1—曲轴；
2—机油泵驱动链条；
3—机油泵链条张紧装置；
4—机油泵链轮；
5—冷启动阀弹簧；
6—控制活塞；
7—驱动齿轮泵；
8—机油泵盖；
9—齿轮泵；
10—机油泵壳体

（3）发动机润滑系统油路框图

奥迪2.8L/3.2L FSAI发动机润滑系统油路框图如图2-4-42所示。

1—滤网；
2—机油泵（由链条来驱动）；
3—冷启动阀；
4—多级活塞（带有调节弹簧）；
5—机油滤网；
6—水—机油热交换器；
7,23—单向阀；
8—机油滤清器；
9—旁通阀；
10—机油压力（低压）开关F378；
11—机油压力开关F22；
12—喷嘴（带有集成的阀）；
13—传动装置D；
14—传动装置A；
15—中间轴轴承（链条B）；
16—中间轴轴承（链条C）；
17—凸轮轴调节装置；
18—止回阀；
19—链条张紧器；
20—气缸盖密封垫内节流孔；
21—油雾细分离器；
22—机油泵控制阀N428；
A—凸轮轴轴承；
B—支承元件；
C—平衡轴轴承；
D—连杆；
E—主轴承；
F—凸轮轴调节装置

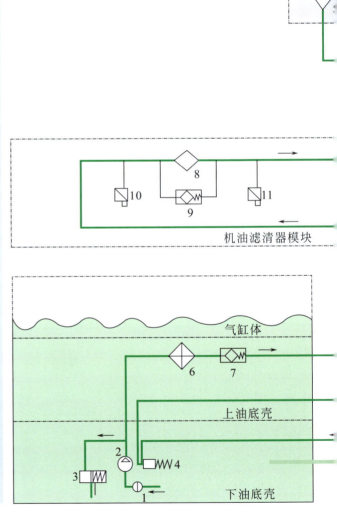

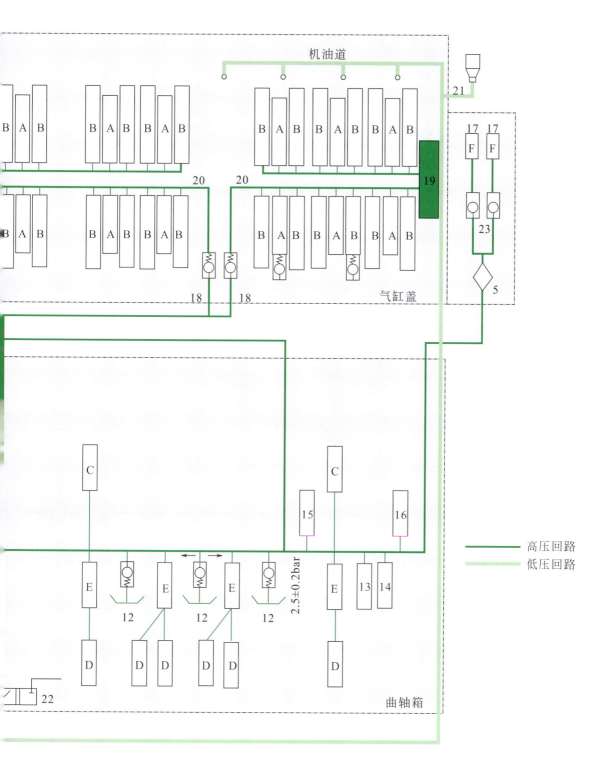

图2-4-42 奥迪2.8L/3.2L FSAI发动机润滑系统油路框图

（4）大众EA111（1.2TFSI）发动机润滑系统

大众EA111（1.2TFSI）发动机润滑系统剖视图如图2-4-43所示。

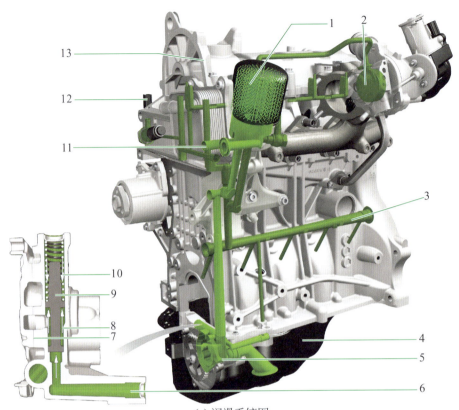

(a) 润滑系统图

1—机油滤清器；
2—废气涡轮增压器；
3—主机油通道；
4—油底壳；
5—油底壳泵；
6—来自机油主通道的机油压力；
7—机油泵外壳；
8—机油泵出口的油压；
9—调节活塞；
10—弹力；
11—机油冷却器接口；
12—机油压力开关；
13—气缸盖罩盖；
14—机油滤清器；
15—螺纹接管；
16—带发电机支架的机油滤清器模体；
17—机油冷却器

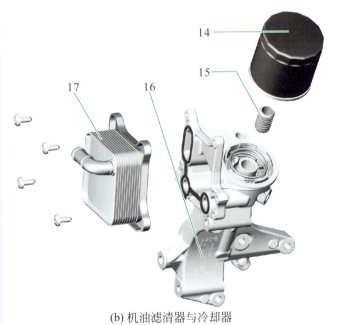

(b) 机油滤清器与冷却器

图2-4-43　大众EA111（1.2TFSI）发动机润滑系统剖视图

2.4.6 燃油供给系统

燃油供给系统的功用是根据发动机运转工况的需要，向发动机供给一定数量的、清洁的、雾化良好的燃油。同时燃油供给系统还需要储存相当数量的燃油，保证汽车有足够的续航里程。

一般的汽油机燃油供给系统是将汽油喷射到进气管内，与空气形成可燃混合气。柴油机则直接将燃油喷进气缸。随着技术的发展，越来越多的汽油发动机也采用了直接喷射到气缸内的燃油供给系统，称为直喷或缸内喷射。

燃油供给系统主要由油箱、电动燃油泵、燃油分配管、燃油压力调节器和喷油器等组成。

（1）大众EA888发动机燃油供给系统

大众EA888燃油供给系统如图2-4-44所示。

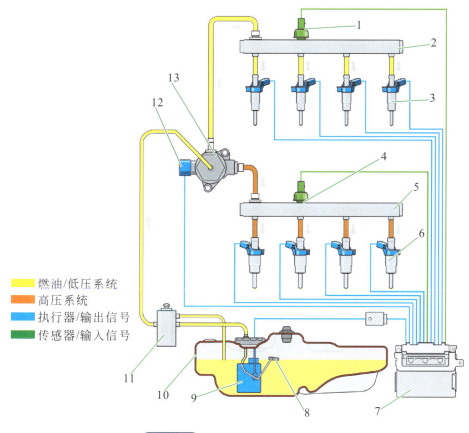

图2-4-44 大众EA888燃油供给系统

1—低压燃油压力传感器；
2—低压燃油油轨；
3—低压喷油器；
4—燃油压力传感器；
5—高压燃油油轨；
6—高压喷油器；
7—燃油泵控制单元；
8—燃油量传感器；
9—燃油系统增压泵；
10—燃油箱；
11—燃油滤清器；
12—燃油压力调节器；
13—高压燃油泵

EA888发动机具有双喷射系统。也就是说有两种油气混合方法。第一种方法是使用TSI高压喷射系统在气缸内进行直接喷射。第二种方法是使用进气歧管燃油喷射系统（SRE）。大众EA888高、低压燃油喷射系统如图2-4-45所示。进气歧管燃油喷射会显著减少细微炭烟颗粒的排放。

双喷射系统具有以下特点。

① 将高压燃油系统的压力增至150～200bar。

② 达到新EU6排放标准中有关微粒质量和微粒数量的限值。

③ 减少二氧化碳废气排放量。

④ 减少部分负荷范围下的油耗。

⑤ 具有进气歧管燃油喷射功能。

⑥ 改善发动机运行声音。

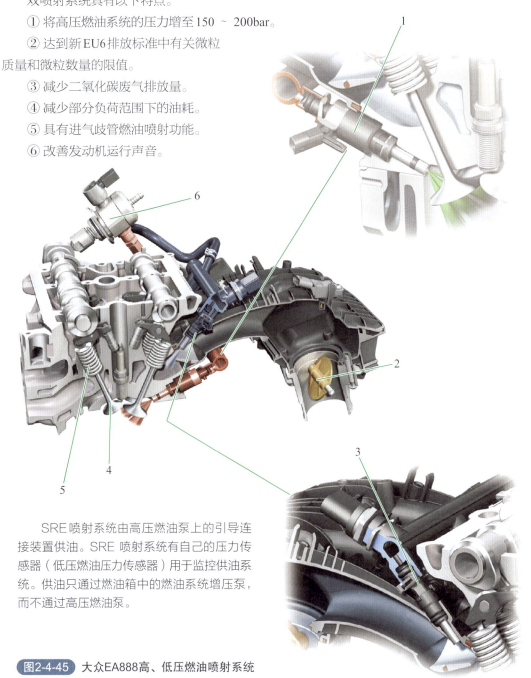

SRE喷射系统由高压燃油泵上的引导连接装置供油。SRE喷射系统有自己的压力传感器（低压燃油压力传感器）用于监控供油系统。供油只通过燃油箱中的燃油系统增压泵，而不通过高压燃油泵。

图2-4-45 大众EA888高、低压燃油喷射系统

1—气缸高压喷射装置，直接喷入气缸；
2—可切换式进气歧管翻板；
3—低压燃油喷射系统（SRE）；
4—气门；
5—气门弹簧；
6—高压油泵

（2）大众EA111（1.2TFSI）发动机燃油供给系统

大众EA111（1.2TFSI）发动机燃油供给系统如图2-4-46所示。

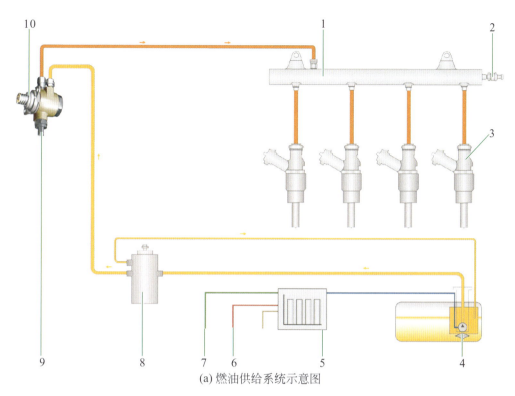

(a) 燃油供给系统示意图

直喷喷油器喷出高压燃油的六个射束的方向已经根据发动机进行了调整。由此确保来自涡流气道的空气与燃气迅速混合。发动机控制器使用65V电压对此进行操控。

(b) 缸内直喷示意图

图2-4-46 大众EA111（1.2TFSI）发动机燃油供给系统

1—高压油轨；
2—燃油压力传感器；
3—直喷喷油器；
4—燃油预供油泵；
5—燃油泵控制器；
6—接蓄电池正极；
7—通往发动机控制器；
8—燃油滤清器；
9—燃油压力调节阀；
10—燃油高压泵；
11—直喷喷油器

（3）奥迪Q5燃油箱及燃油泵

奥迪Q5 FSI发动机燃油箱及燃油泵如图2-4-47所示；奥迪Q5 TDI发动机燃油箱及燃油泵如图2-4-48所示。

为了抑制燃油在汽车行驶时晃动，油箱内安装有防晃隔板，防晃隔板焊接在油箱的上半部和下半部上，防晃隔板除了用于抑制燃油的晃动外，还用于增强燃油箱的强度。

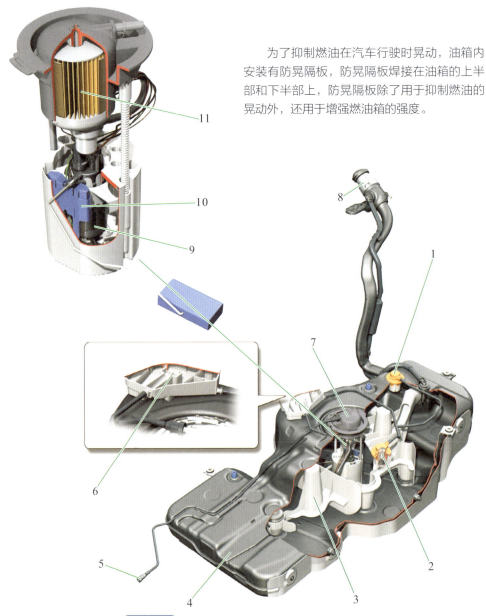

图2-4-47 奥迪Q5 FSI发动机燃油箱及燃油泵

1,2—翻车防漏阀（带有压力保持阀）；
3—防晃隔板；
4—燃油箱；
5—燃油供油管；
6—膨胀腔（迷宫式结构）；
7—供油和传感器单元（带一体式燃油滤清器）；
8—燃油加注口；
9—电动燃油泵；
10—燃油表传感器；
11——体式燃油滤清器

与FSI发动机相比，TDI发动机供油和传感器单元没有带一体式燃油滤清器。

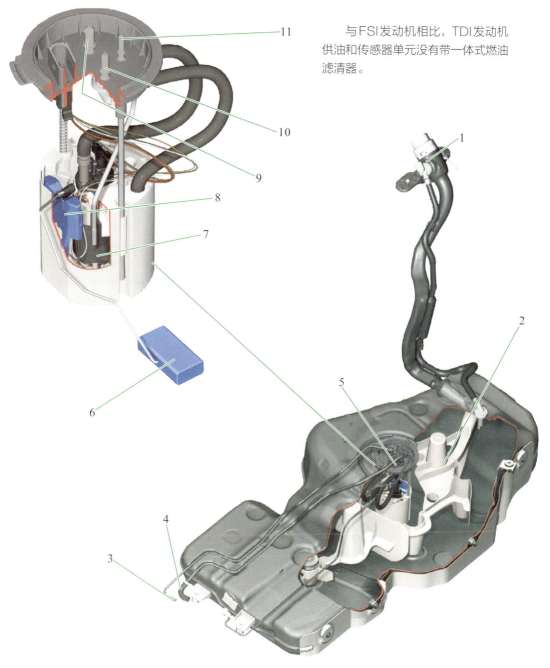

图2-4-48 奥迪Q5 TDI发动机燃油箱及燃油泵

1—燃油加注口；
2—防晃隔板；
3—燃油供油口；
4—燃油回油口；
5—供油和传感器单元；
6—燃油表传感器浮子；
7—电动燃油泵；
8—燃油表传感器；
9—燃油供油接口；
10—燃油回油接口；
11—驻车加热接口

（4）奥迪V63.0TDI发动机燃油供给系统

奥迪V63.0TDI发动机燃油供给系统如图2-4-49所示。

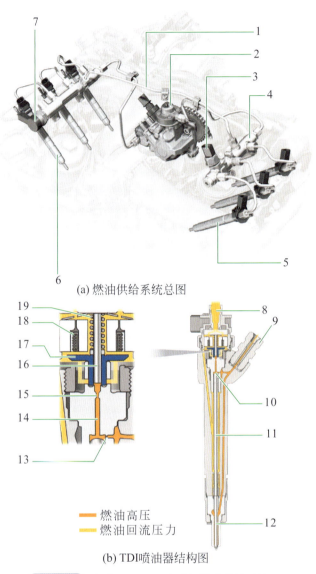

(a) 燃油供给系统总图

(b) TDI喷油器结构图

图2-4-49 奥迪V63.0TDI发动机燃油供给系统

1—高压油管；
2—高压油泵；
3—燃油压力传感器；
4—燃油高压轨；
5,6—TDI喷油器；
7—燃油压力调节器；
8—燃油回流；
9—燃油高压接口；
10,14—阀控制腔；
11—控制活塞；
12—喷油器针阀；
13—节流入口；
15—节流出口；
16—衔铁销；
17—衔铁；
18—励磁线圈；
19—电磁阀弹簧

（5）奥迪W12 6.3FSI发动机燃油供给系统

奥迪W12 6.3FSI发动机燃油供给系统如图2-4-50所示。

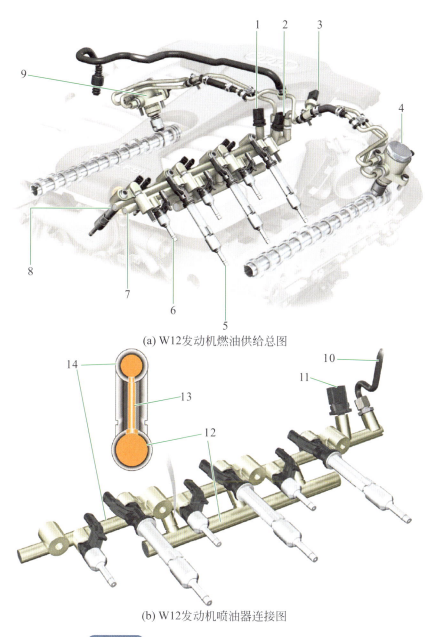

(a) W12发动机燃油供给总图

(b) W12发动机喷油器连接图

图2-4-50　奥迪W12 6.3FSI发动机燃油供给系统

1—燃油压力传感器1；
2,11—燃油压力传感器2；
3—低压燃油压力传感器；
4,9—燃油高压泵；
5—长喷油器（右外侧气缸）；
6—短喷油器（右内侧气缸）；

7,14—燃油高压轨2；
8—燃油高压轨1；
10—高压燃油泵输送油管；
12—高压蓄能器；
13—连接管

奥迪W12 6.3FSI发动机燃油系统分布图如图2-4-51所示。

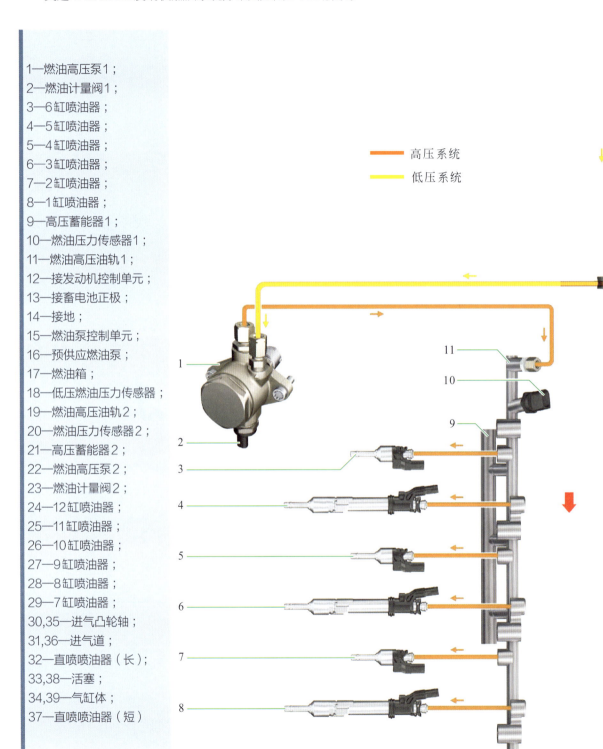

1—燃油高压泵1；
2—燃油计量阀1；
3—6缸喷油器；
4—5缸喷油器；
5—4缸喷油器；
6—3缸喷油器；
7—2缸喷油器；
8—1缸喷油器；
9—高压蓄能器1；
10—燃油压力传感器1；
11—燃油高压油轨1；
12—接发动机控制单元；
13—接蓄电池正极；
14—接地；
15—燃油泵控制单元；
16—预供应燃油泵；
17—燃油箱；
18—低压燃油压力传感器；
19—燃油高压油轨2；
20—燃油压力传感器2；
21—高压蓄能器2；
22—燃油高压泵2；
23—燃油计量阀2；
24—12缸喷油器；
25—11缸喷油器；
26—10缸喷油器；
27—9缸喷油器；
28—8缸喷油器；
29—7缸喷油器；
30,35—进气凸轮轴；
31,36—进气道；
32—直喷喷油器（长）；
33,38—活塞；
34,39—气缸体；
37—直喷喷油器（短）

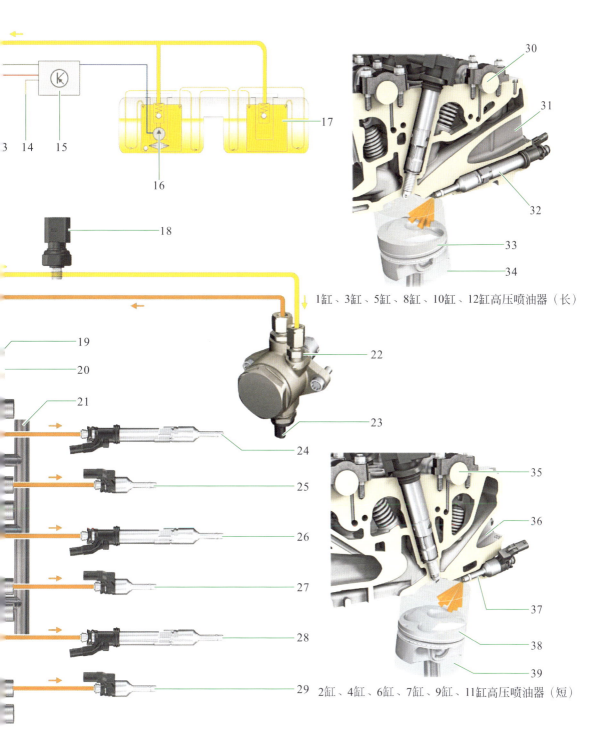

图2-4-51 奥迪W12 6.3FSI发动机燃油系统分布图

2.4.7 进/排气系统

（1）进气系统

进气系统的功用是将新鲜气体或纯净的空气尽可能多地供入气缸内，并尽可能使各气缸进气量保持一致，为各缸热功转换提供物质基础。

进气系统一般包括空气滤清器、进气管道、进气温度压力传感器、涡轮增压器（如装配）、节气门体等。

① 大众EA111（1.2TFSI）发动机进气系统　如图2-4-52～图2-4-55所示。

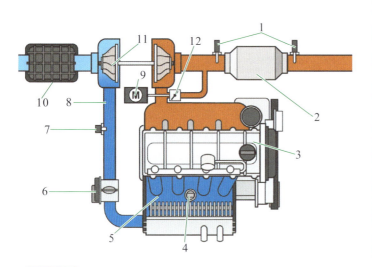

1—氧传感器；
2—三元催化转换器；
3—气缸盖；
4—进气歧管压力/温度传感器；
5—进气歧管；
6—节气门；
7—增压压力传感器；
8—进气增压管路；
9—废气涡轮增压器、增压调节器和增压器位置传感器；
10—空气滤清器；
11—涡轮增压器；
12—废气排泄阀

图2-4-52　大众EA111（1.2TFSI）发动机增压进气系统剖视图

1—废气涡轮增压器；
2—进气增压管路；
3—增压压力传感器；
4—进气歧管

图2-4-53　大众EA111（1.2TFSI）发动机增压进气系统

增压调节器是废气涡轮增压器的组成部分。它用于调节增压压力。电子增压调节器的优点在于调节时间快、增压更为迅速。

废气泄放阀在废气流量高时也能保持关闭，以达到额定的增压压力。

由于对废气泄放阀的操控不受增压压力的影响，因此可在低负荷/低转速区开启废气泄放阀；基础增压压力下降，发动机根据增压变化进行微量调节处理。

图2-4-54　大众EA111（1.2TFSI）发动机增压调节器

1—增压调节器及调节器位置传感器；
2,3—废气卸放阀操纵杆；
4—增压调节器位置传感器；
5—排气歧管；
6—废气排放阀；
7—涡轮叶轮；
8—压气机叶轮；
9—进气通道；
10—增压调节器

通过增压压力调节确定由废气涡轮增压器压缩并充入气缸的空气流量。为使调节尽可能精确，安装了两个各带有进气温度传感器的压力传感器。

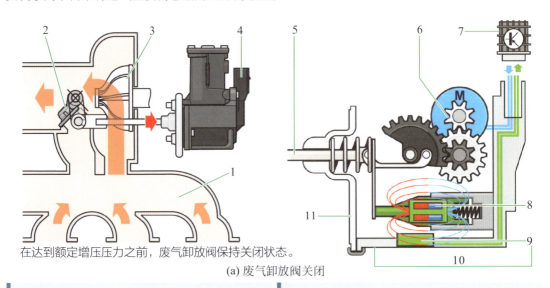

在达到额定增压压力之前，废气卸放阀保持关闭状态。

(a) 废气卸放阀关闭

1—排气歧管；
2—废气卸放阀；
3—涡轮叶片；
4—增压调节；
5—通往废气卸放阀的拉杆；
6—带调节机构的电动机；
7—发动机控制单元；
8—永久磁铁；
9—霍尔感应器；
10—增压调节器位置传感器；
11—调节杆

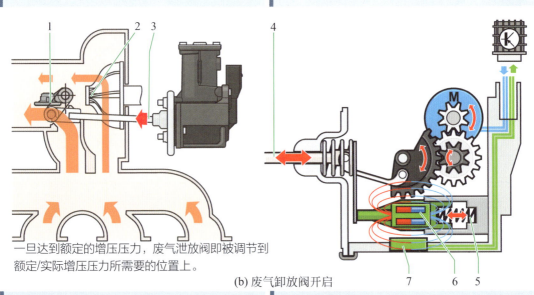

一旦达到额定的增压压力，废气泄放阀即被调节到额定/实际增压压力所需要的位置上。

(b) 废气卸放阀开启

1—废气卸放阀；
2—涡轮叶片；
3—拉杆；
4—拉杆打开并关闭废气卸放阀；
5—弹簧；
6—永久磁铁；
7—霍尔感应器

图2-4-55 大众EA111（1.2TFSI）发动机增压调节功能

发动机控制单元根据以下传感器的信号对增压压力进行计算。

a.带进气空气温度传感器2的增压传感器。

b.带进气温度传感器的进气歧管压力传感器。

发动机控制器中的环境压力传感器信号作为修正参数使用。大众EA111（1.2TFSI）发动机增压压力计算如图2-4-56所示。

带进气空气温度传感器2的增压传感器

增压传感器的信号用于对增压压力进行调节和监控。当温度过高时，根据进气空气温度传感器2提供的信号向下调节增压压力以保护部件。

环境压力传感器

控制器内的环境压力传感器测试环境压力。吸入空气的密度会随着海拔的增高而下降，使用该数值作为增压压力调节修正值。

带进气温度传感器的进气歧管压力传感器

根据进气歧管压力传感器和进气温度传感器提供的信号，发动机控制单元计算增压空气冷却器后面的进气管内的空气质量。根据计算出的空气质量，按照特性曲线对增压压力进行调整并将其提升到最高2.1bar（绝对值）。

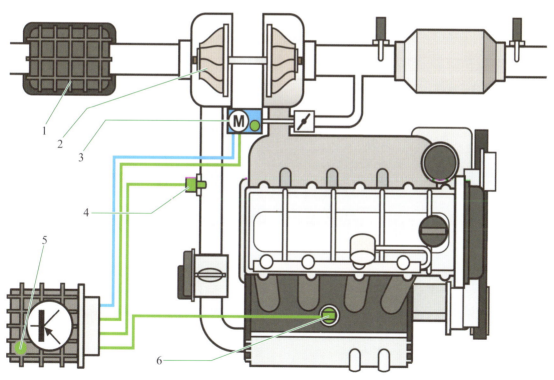

图2-4-56　大众EA111（1.2TFSI）发动机增压压力计算

1—空气滤清器；
2—废气涡轮增压器；
3—增压调节器及增压调节器位置传感器；
4—带进气温度传感器2的增压传感器；
5—发动机控制单元内部的环境压力传感器；
6—带进气温度传感器的进气歧管压力传感器

② 大众EA888发动机进气系统　EA888系列新2.0L TSI发动机采用新开发的带有电子增压压力定位器的涡轮增压器。该涡轮增压器直接通过螺栓固定在集成于气缸盖内的排气歧管上。大众EA888发动机进气系统如图2-4-57所示。大众EA888发动机废气涡轮增压器如图2-4-58所示。

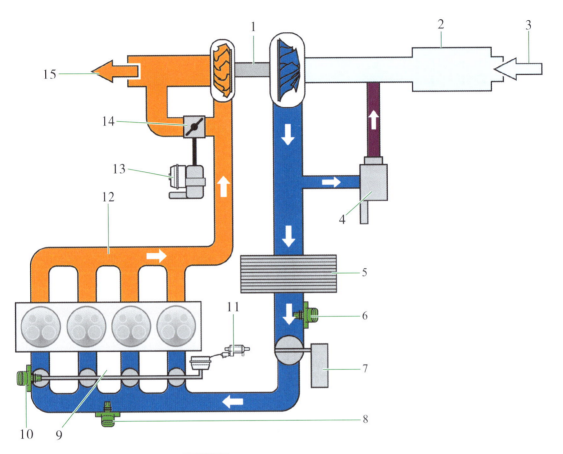

图2-4-57　大众EA888发动机进气系统

1—涡轮增压器；
2—空气滤清器；
3—新鲜空气气流；
4—涡轮增压器空气再循环阀；
5—增压空气冷却器；
6—增压压力传感器；
7—节气门模块（包括电子节气门驱动装置、电子节气门驱动装置角度传感器1/2、进气歧管翻板电位计、节气门组件）；
8—进气歧管传感器（包括增压压力传感器、进气温度传感器、进气歧管压力传感器）；
9—进气歧管翻板；
10—进气歧管翻板电位计；
11—进气歧管翻板阀；
12—排气歧管；
13—增压压力定位器；
14—废气旁通阀；
15—废气气流

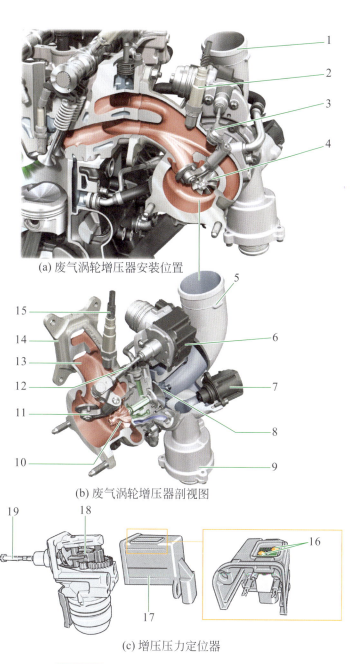

图2-4-58 大众EA888发动机废气涡轮增压器

1,5—压缩机外壳；
2,15—氧传感器；
3,12—连接拉杆；
4,10—涡轮；
6—增压压力定位器；
7—涡轮增压空气再循环阀；
8—压缩机叶轮（压缩新鲜空气至气缸）；
9—谐振消音器；
11—废气旁通阀；
13—废气通道；
14—涡轮壳；
16—增压压力位置传感器定位器；
17—带控制板和位置传感器的壳盖；
18—带电机的执行器及变速箱；
19—废气旁通阀门导向叶片

③ 奥迪6.3L W12FSI发动机进气系统 如图2-4-59和图2-4-60所示。

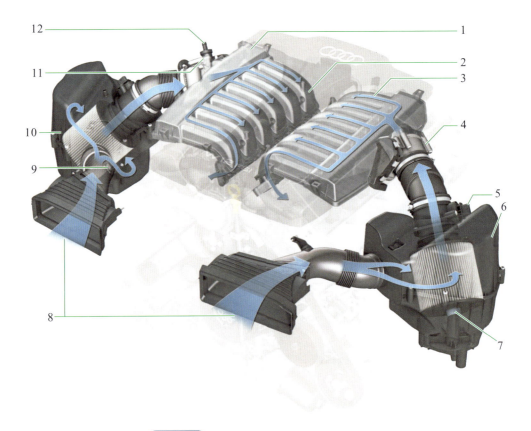

图2-4-59 奥迪6.3L W12FSI发动机进气系统

1—曲轴箱通风室；
2—进气歧管1；
3—进气歧管2；
4—节气门控制单元2（包括电子节气门驱动装置2角度传感器、电子节气门驱动装置2）；
5—带有进气温度传感器的空气流量计2；
6—空气滤清器外壳（气缸组2）；
7—橡胶缓冲支持空气过滤器元件；
8—前端进气口；
9—带进气温度传感器的进气歧管压力传感器；
10—空气滤清器外壳（气缸组1）；
11—节气门控制单元1（包括电子节气门驱动装置角度传感器、电子节气门驱动装置）；
12—真空抽吸喷射泵，协助真空供应（仅气缸组1安装）

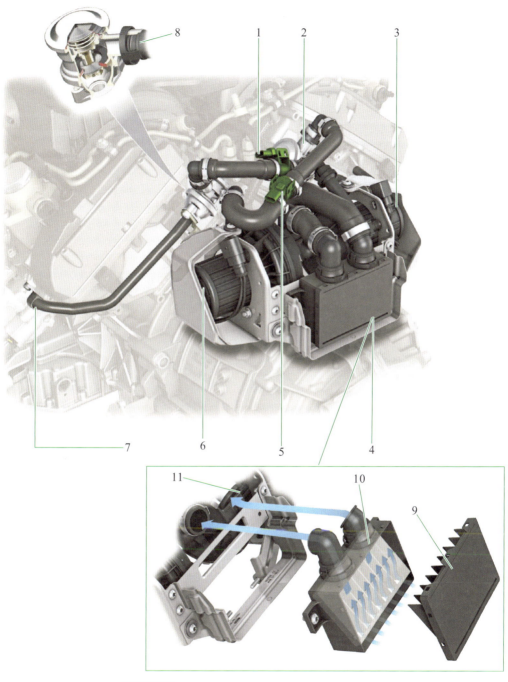

图2-4-60 奥迪6.3L W12FSI发动机二次空气系统

1—二次空气压力传感器2；
2—组合阀2；
3—二次空气泵电动机2；
4—二次空气系统空气滤清器；
5—二次空气压力传感器1；
6—二次空气泵电动机2；
7—气缸盖2入口，用于将二次空气引入到排气流中；
8—组合阀1；
9—空气滤清器外壳；
10—空气滤清器；
11—空气滤清器壳体固定板

（2）排气系统

发动机排气系统的主要功用是排除气缸内燃烧的废气。

气缸内燃烧后的废气经过排气系统排出时具有一定的压力脉动，不仅会造成排气系统的震动，同时还会产生排气噪声。因此为了降低排气噪声，一般车用发动机都采用排气消声器。

为了减轻汽车尾气对大气环境的污染，汽车排气系统中均安装有后处理装置。一般汽油发动机采用三元催化装置，而柴油发动机根据排放控制策略的不同采用不同的后处理技术。

排气系统一般包括排气歧管、三元催化转换器、前后氧传感器、消声器和排气管道等，如图2-4-61所示。

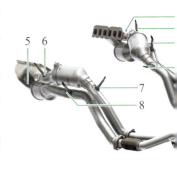
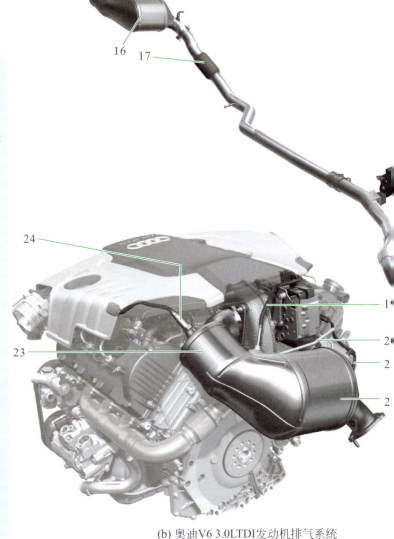

1,24—氧传感器1；
2—氧传感器2；
3,7—氧传感器4（催化转换器后）；
4—氧传感器1（催化转换器后）；
5—氧传感器3；
6—氧传感器4；
8—氧传感器3（催化转换器后）；
9—去耦元件；
10—前消声器；
11—中间消声器；
12—X管连接；
13—排气真空执行器（右）；
14—后消声器；
15—排气真空执行器（左）；
16—柴油颗粒过滤器；
17—解耦元件；
18—消声器（左）；
19—排气温度传感器3；
20—压差传感器；
21—排气温度传感器4；
22—柴油微颗粒过滤器；
23—催化转换器

(b) 奥迪V6 3.0LTDI发动机排气系统

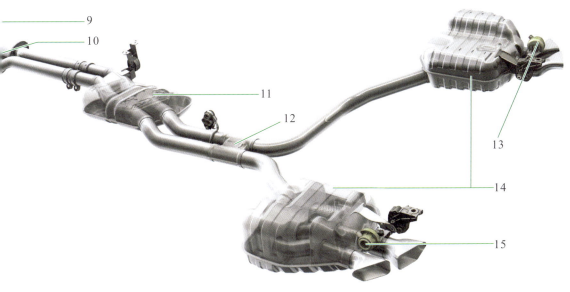

(a) 奥迪W12 6.3LFSI发动机排气系统

图2-4-61 发动机排气系统

（3）曲轴箱通风排气

在发动机工作时，燃烧室的高压可燃混合气和已燃气体，或多或少会通过活塞组与气缸之间的间隙漏入曲轴箱内，造成窜气。窜气的成分为未燃的燃油气、水蒸气和废气等，这会稀释机油，降低机油的使用性能，加速机油的氧化和变质。水汽凝结在机油中，会形成油泥，阻塞油路；废气中的酸性气体混入润滑系统，会导致发动机零件的腐蚀和加速磨损；窜气还会使曲轴箱的压力过高而破坏曲轴箱的密封，使机油渗漏流失。

为防止曲轴箱压力过高，延长机油使用期限，减少零件磨损和腐蚀，防止发动机漏油，必须实行曲轴箱通风。此外，为满足日益严格的排放要求和提高经济性，在汽车发动机设计过程中也必须进行曲轴箱通风系统设计。

大众EA111（1.2TFSI）发动机曲轴箱通风排气系统如图2-4-62所示。大众EA111（1.2TFSI）发动机曲轴箱通风排气系统剖视图如图2-4-63所示。大众EA888发动机曲轴箱排气系统剖视图如图2-4-64所示。

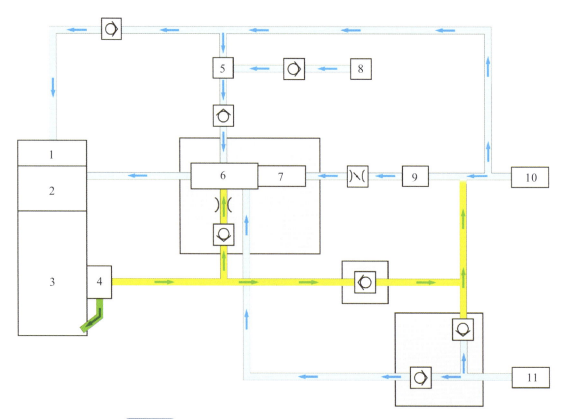

图2-4-62 大众EA111（1.2TFSI）发动机曲轴箱通风排气系统

1—气缸盖罩；
2—气缸盖；
3—气缸体；
4—曲轴箱排气系统；
5—引流泵；
6—进气管；
7—增压空气冷却器；
8—制动助力器；
9—废气涡轮增压器；
10—空气滤清器；
11—油箱排气阀

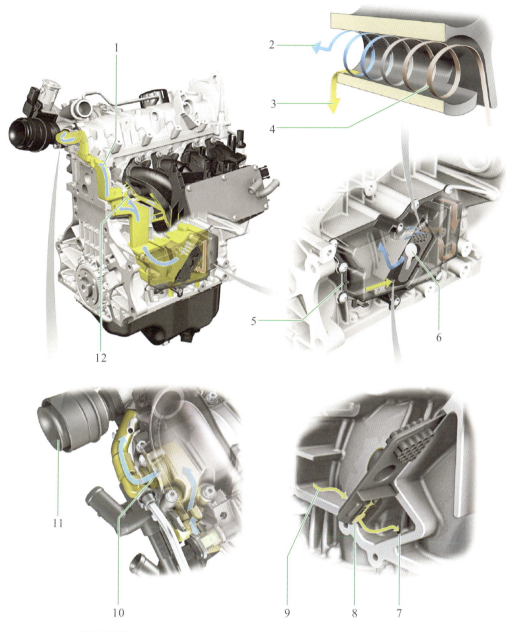

图2-4-63 大众EA111（1.2TFSI）发动机曲轴箱通风排气系统剖视图

1—通过气缸体、气缸盖和气缸罩盖的内导流气体；
2—净化过的曲轴箱泄漏气体；
3—已分离的机油；
4—旋流，曲轴箱泄漏的气体入口（未经处理）；
5—气缸体上的机油分离器；
6—超压阀；
7—进入油底壳的回油管路；
8—卸油阀；
9—机油收集室；
10—止回阀；
11—废气涡轮增压器压气机叶轮前的导入口；
12—进入进气管的导入口带止回阀

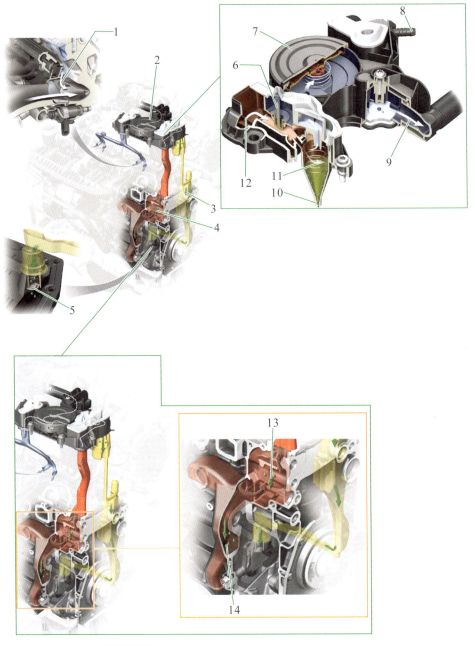

图2-4-64 大众EA888发动机曲轴箱排气系统剖视图

1—旁通气体流入进气歧管；
2—油雾分离器；
3,10,14—油回流；
4—粗粒机油分离；
5—回油管路中的单向阀；
6—旁通阀；
7—压力调节阀；
8—活性炭过滤器连接件；
9—将清洁的旁通气体引至涡轮增压器；
11—气旋分离器；
12—旁通气体流入微细机油分离器；
13—曲轴箱内的粗粒机油分离

2.4.8 点火系统

汽油发动机气缸内的燃料和空气的混合气（可燃混合气），在压缩行程终了时采用高压电火花点火。为了在气缸内定时地产生高压电火花，汽油发动机设置了专门的点火装置，称为发动机点火系统。

点火系统的功用是在发动机各种工况和使用条件下，在气缸内适时、准确、可靠地产生电火花，以点燃可燃混合气，使发动机做功。

大众EA111（1.2TFSI）发动机点火系统如图2-4-65所示。

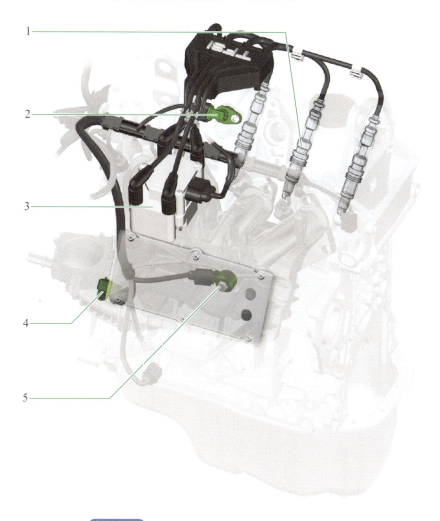

图2-4-65 大众EA111（1.2TFSI）发动机点火系统

1—火花塞；
2—霍尔传感器（在气缸盖罩盖内）；
3—点火变压器（点火线圈，在进气管上）；
4—发动机转速传感器（在变速箱上）；
5—爆燃传感器（在进气管下的气缸体上）

大众EA111系列发动机采用双缸同时点火，一个点火线圈总是同时给两个火花塞提供点火花。气缸的选择原则是，一个气缸压缩时，另一个气缸正好排气形成无效点火。大众EA111发动机点火系统控制图如图2-4-66所示。

点火线圈：

用于静态高压分配的点火变压器（点火线圈）是用螺栓固定在进气管上的。它的任务是通过火花塞在正确的时间点燃燃油-空气混合气。每个气缸的点火角都受到独自的控制。

如果点火变压器失灵，发动机就被关闭。点火变压器（点火线圈）没有替代功能。在发动机控制器的故障存储器记录故障，排气警告灯K83将被接通。

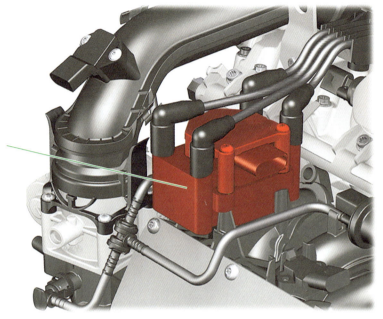

(a) 点火线圈位置

在点火变压器中，功率输出级和点火线圈是一个整体部件。气缸1和气缸4以及气缸2和气缸3各具有共同的点火线圈。两条火花塞导线上的每个点火线圈都各有两个输出端。

发动机控制器通过功率输出级单独给点火线圈接地。操控的时刻和持续时间取决于点火角和线圈的充电时间。

通过以下两根导线进行操控。

一根导线为气缸1和气缸4的点火线圈制造火花。

另一根导线用于气缸2和气缸3的点火线。

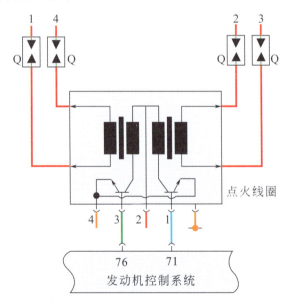

(b) 点火控制图

图2-4-66 大众EA111发动机点火系统控制图

2.4.9 启动系统

通常把发动机曲轴在外力的作用下开始转动到发动机自动怠速运转的全过程称为发动机启动过程。发动机启动系统如图2-4-67所示。

启动系统的作用就是在正常使用条件下，通过起动机将蓄电池储存的电能转变为机械能带动发动机以足够高的转速运转，以顺利启动发动机。当发动机进入自行运转状态后，启动系统应立即与曲轴分离并停止工作，以防止发动机高速运转时起动机产生很大离心力而导致损坏。

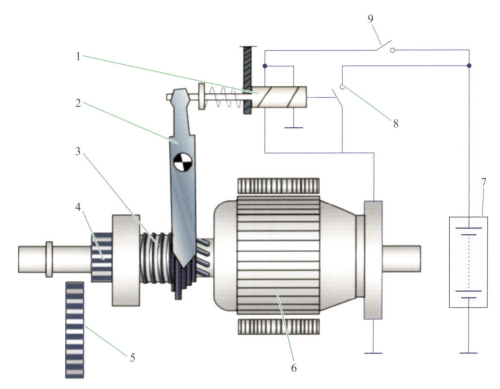

目前汽车用发动机广泛采用电力启动系统。电力启动系统（简称启动系统）由提供动力的蓄电池、电力起动机（简称起动机）、启动控制机构和启动传动机构四个部分构成。起动机的作用是产生驱动转矩，普遍采用串激式直流电动机。控制机构用来接通和切断起动机与蓄电池之间的电路及控制起动机驱动齿轮与飞轮的啮合及分离。传动机构在发动机启动时，使起动机驱动齿轮与飞轮齿圈啮合，将起动机转矩传给发动机曲轴；而在发动机启动后，使驱动齿轮与飞轮齿圈自动脱开，断开发动机向起动机的逆向动力传递。在有些汽车上，还具有接入和断开点火线圈附加电阻的作用。起动机在点火开关或启动按钮控制下，将蓄电池的电能转化为机械能，通过飞轮齿圈带动发动机曲轴转动。

图2-4-67 发动机启动系统

1—铁芯；
2—驱动杠杆；
3—弹簧；
4—齿轮；
5—飞轮；
6—起动机；
7—蓄电池；
8—短路开关；
9—启动开关

2.4.10 发动机管理系统

发动机管理系统（engine management system，EMS）采用各种传感器，把发动机吸入空气量、冷却液温度、发动机转速及负荷状况转换成电信号，送入发动机控制单元，发动机控制单元将这些信息与储存信息比较，精确计算后输出控制信号。EMS不仅可以精确控制燃油供给量，以取代传统的化油器，而且可以控制点火提前角和怠速空气流量等，极大地提高了发动机的性能。典型的V6发动机管理系统如图2-4-68所示。

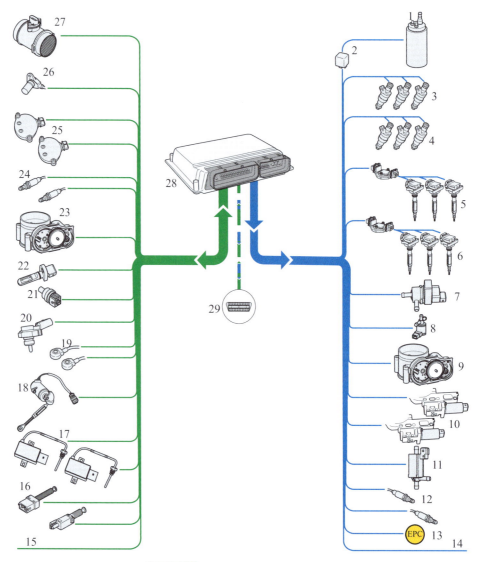

图2-4-68 典型的V6发动机管理系统

1—燃油泵；
2—燃油泵继电器；
3—喷油器（气缸组1）；
4—喷油器（气缸组2）；
5—点火线圈（气缸组1,1/2/3缸）；
6—点火线圈（气缸组2,4/5/6缸）；
7—活性炭罐电磁阀；
8—增压压力限制电磁阀；

9—节气门控制单元（带节气门驱动机构）；
10—凸轮轴调节阀（气缸列1和气缸列2）；
11—涡轮增压器循环空气阀；
12—氧传感器加热装置；
13—电动油门操纵机构故障信号灯；
14,15—附加信号；
16—离合器踏板开关；
17—制动信号灯开关和制动踏板开关；
18—废气温度传感器（气缸组1和气缸组2）；
19—爆燃传感器（气缸组1和气缸组2）；
20—增压压力传感器；
21—冷却液温度传感器；
22—进气温度传感器；
23—节气门控制单元（带节气门驱动机构角度传感器）；
24—氧传感器（气缸组1和气缸组2）；
25—凸轮轴位置传感器（霍尔传感器）；
26—发动机转速传感器（曲轴位置传感器）；
27—空气流量计；
28—发动机控制单元；
29—OBD—Ⅱ诊断接口

（1）发动机管理系统主要传感器/执行器

① 安装位置（图2-4-69～图2-4-71）

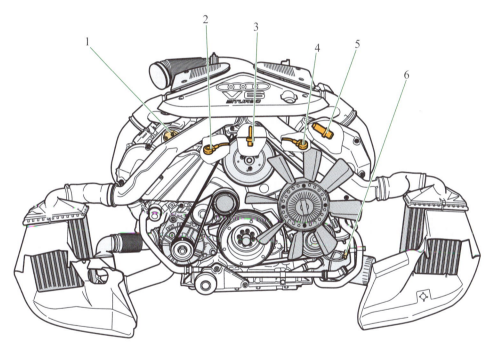

注意：V型发动机左右气缸的辨别，面向正时皮带（冷却风扇），右手边为右侧气缸，左手边为左侧气缸。相应的图示称为前视图；发动机飞轮/离合器一面称为后视图。

图2-4-69 奥迪V6发动机传感器执行器安装位置1（前视图）

1—霍尔传感器（凸轮轴位置传感器）；
2—爆燃传感器（左侧气缸）；
3—进气温度传感器；
4—爆燃传感器（右侧气缸）；
5—凸轮轴调节阀（右侧气缸）；
6—机油压力开关

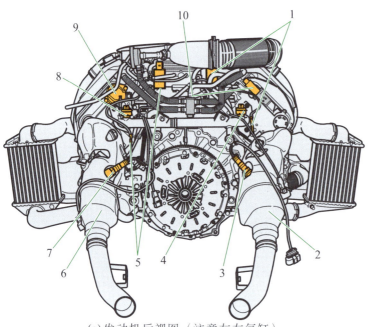

(a) 发动机后视图（注意左右气缸）

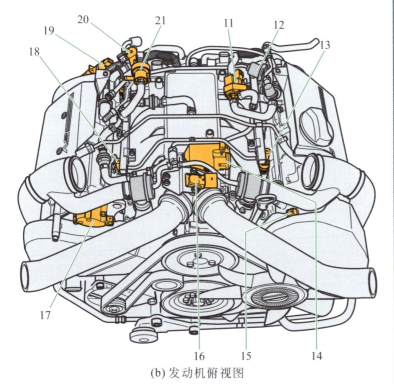

(b) 发动机俯视图

图2-4-70　奥迪V6发动机传感器执行器安装位置2

1—废气温度传感器（左侧气缸，注意左右视图）；
2—前尾气催化净化器（左侧气缸，注意左右视图）；
3—氧传感器（左侧气缸，注意左右视图）；
4—冷却液温度传感器；
5—废气温度传感器（右侧气缸，注意左视图）；
6—前尾气催化净化器（右侧气缸，注意左右视图）；
7—氧传感器（右侧气缸，注意左右视图）；
8—冷却液再循环热敏开关；
9,17—霍尔传感器（凸轮轴位置传感器，右侧气缸，注意左右视图）；
10—凸轮轴调节阀（左侧气缸，注意左右试图）；
11—涡轮增压器循环空气阀；
12—燃油压力调节器；
13—喷油器（右侧气缸）；
14—节气门体；
15—凸轮轴调节阀（右侧气缸）；
16—增压压力传感器；
18—喷油器（左侧气缸）；
19—凸轮轴调节阀（左侧气缸）；
20—增压压力限制电磁阀；
21—活性炭罐电磁阀

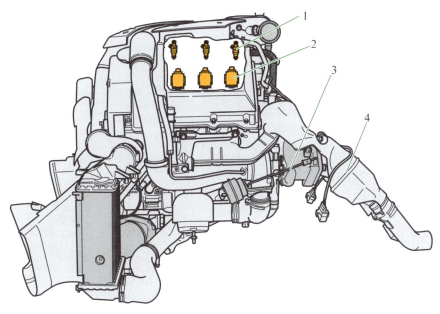

图2-4-71 奥迪V6发动机传感器执行器安装位置3（左视图）

1—喷油器；
2—点火线圈（单缸独立点火）；
3—废气涡轮增压器；
4—前催化转换器

② 空气流量计（图2-4-72）

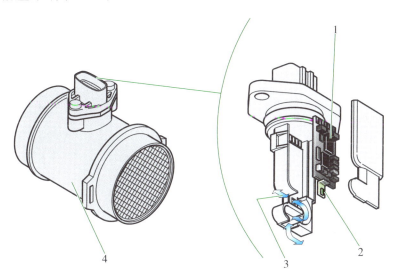

热膜式空气流量计的发热体是热线电阻和补偿电阻组成的电桥。进气歧管中的空气流过传感器带走热量，造成热量降低，传感器内部的功率晶体管导通时间延长以在补偿电阻上施加更大的电流，才能使电桥平衡。电子分析装置测量增大电流前后的电位差，并转换为与进气量相关的传感器信号输送给发动机控制单元。

图2-4-72 热模式空气流量计

1—电子分析装置；
2—传感器单元；
3—测量通道；
4—热模式空气流量计

③霍尔传感器（凸轮轴位置传感器）（图2-4-73）

在带凸轮轴调节的V型发动机上，左右气缸列上各安装了一个霍尔传感器作为凸轮轴传感器。

为了选择气缸进行防爆震控制和顺序喷射，必须准确确定第1个气缸的上止点位置。

发动机控制单元利用霍尔传感器1和发动机转速传感器的信号识别第1个气缸的点火上止点（第1个气缸同步）。两个信号同时到达后允许首次喷射和点火。

当霍尔传感器1出现故障时，霍尔传感器2接收第1个气缸的同步信号。在两个霍尔传感器都失灵时仍可启动发动机，但发动机以应急模式运行。

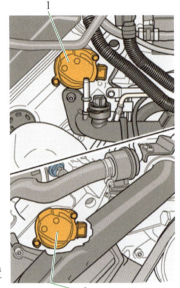

(a) 凸轮轴位置传感器安装位置

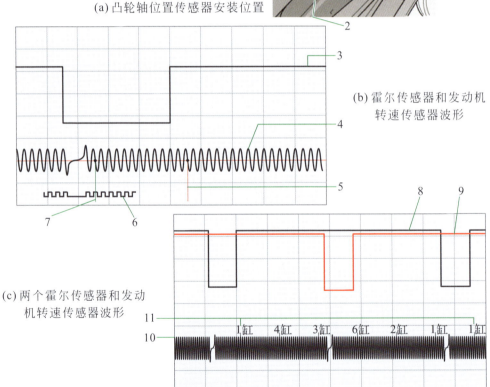

(b) 霍尔传感器和发动机转速传感器波形

(c) 两个霍尔传感器和发动机转速传感器波形

图2-4-73 霍尔传感器及波形

1—霍尔传感器1；
2—霍尔传感器2；
3,8—霍尔传感器1波形；
4—发动机转速传感器波形；
5—第1个气缸的上止点；
6—传感器轮；
7—参考标记（1缸上止点前72°）；
9—霍尔传感器2波形；
10—发动机转速传感器波形；
11—气缸上止点

④ 发动机转速传感器（图2-4-74）

发动机转速传感器是一种感应式传感器，获取发动机转速和曲轴准确角度位置（输入系统）。

在飞轮上安装有一个单独用于发动机转速传感器的信号轮。信号轮被设计成一个带有很多齿段的轮，共分成60个齿段。每当信号轮转过传感器，就会产生一个交流电压，其频率随着转速而变化。频率即是转速的高低。为了识别曲轴位置，信号轮在两个齿段之间有一段空隙。

发动机转速传感器用于识别发动机转速。它与霍尔传感器一起识别发动机1缸点火上止点，从而确定喷油时间和点火正时。

如果发动机控制单元在霍尔传感器的8个"相位"期间没有识别到齿段空隙，便会在故障存储器中记录一个条目。

在发动机转速传感器失灵时无法启动发动机或运转发动机。

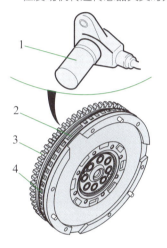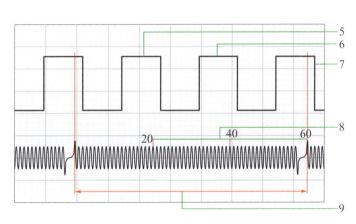

图2-4-74　发动机转速传感器

1—发动机转速传感器；
2—齿端空隙；
3—双质量飞轮；
4—信号轮；
5—信号1；
6—信号2；
7—信号3；
8—传感器的齿段（单位：个）；
9—发动机转1圈

⑤ 氧传感器（图2-4-75）

为了能确保有效地净化废气，需要一个反应迅速的氧传感器。传感器加热装置集成在传感器单元中，可以很快达到工作温度。

废气温度为150℃时，传感器加热装置就已经生成了350℃的最低必要温度。在启动发动机大约10s后，空燃比控制就已准备就绪。

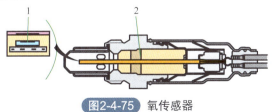

图2-4-75　氧传感器

1—传感器加热器；
2—传感器单元

⑥ 加速踏板位置传感器（图2-4-76）

踏板位置传感器将一个相当于模拟信号的油门踏板位置信号发送给发动机控制单元。为了确保该信号可靠稳定，踏板位置传感器有两个彼此独立的电位器。

控制单元监控两个传感器的功能和可信度。如果一个传感器失灵，则另一个投入运行。

加速踏板位置传感器用于将驾驶员意愿传输给发动机控制单元并传达自动变速箱的强制降挡信息。

强制降挡信息不使用单独的开关。在踏板位置传感器中集成了一个"机械式压力点"，将"强制降挡感觉"传递给驾驶员。

如果驾驶员操纵强制降挡，便会超过油门踏板位置传感器的全负荷电压值。如果同时达到了在发动机控制单元中规定的电压，便会将其转换为强制降挡信号并通过CAN总线发送给自动变速箱。手动变速箱和自动变速箱的踏板位置传感器在结构上是相同的。

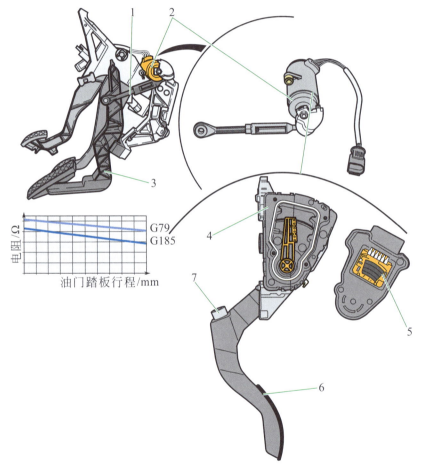

图2-4-76 加速踏板位置传感器

1—拉杆；
2—踏板位置传感器总体；
3—加速踏板；
4—模块壳体；
5—带传感器的壳体盖板；
6—加速踏板；
7—用于形成强制降挡感觉的压力元件（AT）或缓冲挡块（MT）

⑦ 废气温度传感器（图2-4-77）

为了实现废气温度调节，必须准确测量废气温度。在950～1025℃的测量范围内，准确度达到±5℃。废气温度传感器位于废气涡轮增压器前面的废气歧管中。

废气温度传感器由一个测量传感器和一个电子分析装置组成。测量传感器与控制单元通过一条耐热的屏蔽电缆牢固地连接在一起。

电子分析装置将测量传感器的信号转换为一个脉冲宽度调制信号（PWM 信号）。这种信号是一种带固定频率和可变占空因数的矩形信号。

占空因数表示为百分比。测量范围为10%～90%。每个温度都对应一个特定的占空因数（下表）。

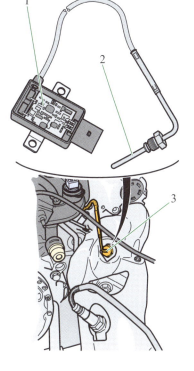

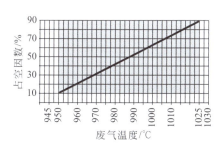

图2-4-77 废气温度传感器

1—电子分析装置；
2—测量传感器；
3—废气温度传感器

⑧ 制动信号灯开关、制动踏板开关和离合器踏板开关（图2-4-78）

"制动器已踩下"信息用于下述功能。
a. 定速巡航装置功能。
b. 电子油门功能的安全询问（紧急运行踏板值传感器的怠速运转识别）。

制动信号灯开关和制动踏板开关组成一个部件。这两个开关用作"制动器已踩下"的信息发生器。制动信号灯开关在常态位置为开路，并由总线端30供电。它用作发动机控制系统的附加信息输入端。

制动踏板开关在常态位置为闭路，并由总线端15供电。它只用作发动机控制系统的信息输入端。

离合器踏板开关用于关闭定速巡航装置。

在换挡过程中退出变负荷功能。变负荷功能通过点火角干预和节气门关闭速度来控制。离合器踏板开关在常态位置为闭路，并由总线端15供电。

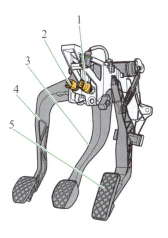

图2-4-78 制动信号灯开关、制动踏板开关和离合器踏板开关

1—制动信号灯开关和制动踏板开关；
2—离合器踏板开关；
3—制动踏板；
4—离合器踏板；
5—加速踏板

⑨ 节气门体(图2-4-79)

节气门控制单元组成部分如下。
a. 节气门壳体和节气门。
b. 带传动比的节气门驱动机构G186。
c. 节气门驱动机构的角度传感器G187和G188。

节气门驱动机构由发动机控制单元控制,调节用于满足扭矩所需的空气流量。当前的节气门位置通过两个电位器G187和G188反馈。

为安全起见,安装了两个角度传感器,其电阻特征线是反向的。

如果一个角度传感器失灵,第二个角度传感器通过一个紧急运行程序维持电子油门功能。

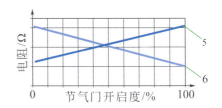

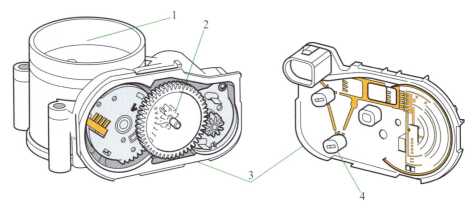

图2-4-79 节气门体

1—节气门壳体和节气门;
2—节气门驱动机构(电子油门);
3—节气门驱动机构角度传感器1/2;
4—带电器接口的壳体盖;
5—节气门驱动机构角度传感器2;
6—节气门驱动机构角度传感器1

⑩ 双喷射型燃油喷射系统（图2-4-80）

EA111系列发动机由于采用双喷射形式，因此从怠速到全负荷（最大至3000r/min）的各种情况下均可提供均匀的混合气。

第一次喷射发生在进气时点火上止点前。此时按照特性曲线喷入全部燃油喷射量的50%～80%。第二次喷射在压缩进程开始时喷入剩余的燃油量。这样就只有少量的燃油黏附在气缸壁上。燃油几乎完全气化，混合气的形成得以改善。

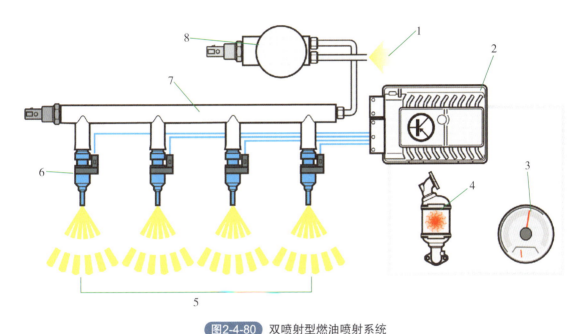

图2-4-80　双喷射型燃油喷射系统

1—供油（来自燃油箱中的预供油泵）；
2—发动机控制单元；
3—发动机转速表[从怠速到全负荷（最大至3000r/min）]；
4—催化转换器加热；
5—双喷射；
6—高压喷油器；
7—高压燃油轨；
8—燃油高压泵

（2）典型发动机管理系统图示

EA888、EA111、奥迪W12FSI发动机管理系统图分别如图2-4-81～图2-4-83所示。

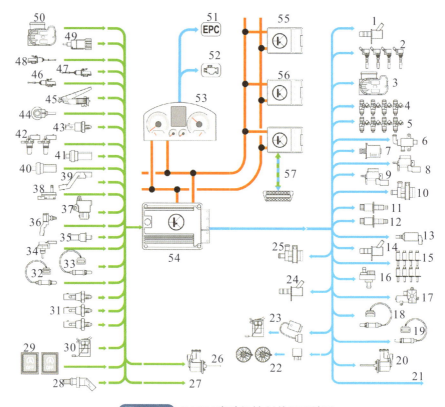

图2-4-81　EA888发动机控制单元系统图

1—活塞冷却喷油器控制阀；
2—点火线圈1～4（单缸独立点火）；
3—电子节气门；
4—低压喷油器（1～4缸）；
5—高压喷油器（1～4缸）；
6—冷却液切断阀；
7—涡轮增压器空气再循环阀；
8—进气歧管翻板阀；
9—自动空调冷却液切断阀；
10—冷却液再循环泵；
11—凸轮轴控制阀1；
12—排气凸轮轴控制阀；
13—燃油计量阀；
14—机油压力控制阀；
15—气缸1～4排气凸轮轴执行器A/B；
16—活性炭罐过滤器电磁阀1；
17—发动机温度调节执行器；
18—氧传感器加热器；
19—催化转换器后的氧传感器1；
20—增压压力定位器；
21—其他输出信号；
22—散热器风扇控制单元、散热器风扇1/2；
23—燃油泵控制单元（带燃油系统增压泵）；
24—燃油压力调节阀；
25—增压空气冷却泵；
26—增压压力定位器位置传感器；
27—其他输入信号；
28—变速器空挡位置传感器；
29—启动功能操作按钮；
30—燃油表传感器；
31—自上而下分别为机油压力开关、用于降低油压的机油压力开关、阶段3机油压力开关；
32—催化转换器后的氧传感器；
33—氧传感器；
34—增压压力传感器；
35—燃油压力传感器；
36—带进气温度传感器的进气歧管压力传感器；
37—进气歧管翻板电位计；
38—油位和油温传感器；
39—发动机转速传感器；
40—散热器出口的冷却液温度传感器；
41—冷却液温度传感器；
42—霍尔传感器；
43—低压燃油压力传感器；
44—爆燃传感器；
45—加速踏板位置传感器；
46—发动机启动离合踏板位置开关；
47—离合器踏板开关；
48—离合器位置传感器；
49—制动灯开关；
50—电子节气门模块（带电子节气门驱动角度传感器）；
51—电子动力控制故障指示灯；
52—废气排放警告灯；
53—组合仪表控制单元；
54—发动机控制单元；
55—双离合器变速器机电一体化控制装置；
56—车载电源控制单元；
57—数据总线诊断接口

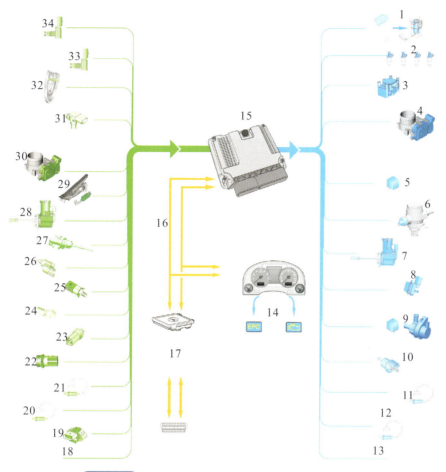

图2-4-82 EA111（1.2TFSI）发动机控制单元系统图

1—燃油泵控制器（带有燃油预供油泵）；
2—喷油器（1～4缸）；
3—点火线圈（双缸同时点火）；
4—节气门体（带节电子气门驱动装置）；
5—主继电器；
6—高压燃油泵；
7—增压调节器；
8—冷却液循环系统电磁阀；
9—冷却液辅助泵继电器和冷却液循环泵；
10—活性炭罐电磁阀；
11—氧传感器加热装置；
12—催化转换器后的氧传感器加热装置；
13—辅助信号［散热风扇第1挡（PWM）］；
14—仪表板中的电子节气门和废气警告灯；
15—带有环境压力传感器的发动机控制单元；
16—驱动系统CAN；
17—数据总线诊断接口；
18—辅助信号（暖风请求信号，定速巡航装置，发电机信号，起动器上的总线端50，启动继电器输出端1，总线端85，启动继电器输出端2，总线端85）；
19—主动助力器的压力感应器；
20—催化转换器后的氧传感器；
21—催化转换器前的氧传感器；
22—散热器出口的冷却液温度传感器；
23—冷却液温度传感器；
24—爆燃传感器；
25—燃油压力传感器；
26—制动踏板位置传感器；
27—离合器位置传感器；
28—增压调节器位置传感器；
29—加速踏板位置传感器；
30—节气门（带有电子节气门驱动装置角度传感器）；
31—霍尔传感器（凸轮轴位置传感器）；
32—发动机转速传感器；
33—带进气温度传感器的进气歧管压力传感器；
34—带进气空气温度传感器的增压压力传感器

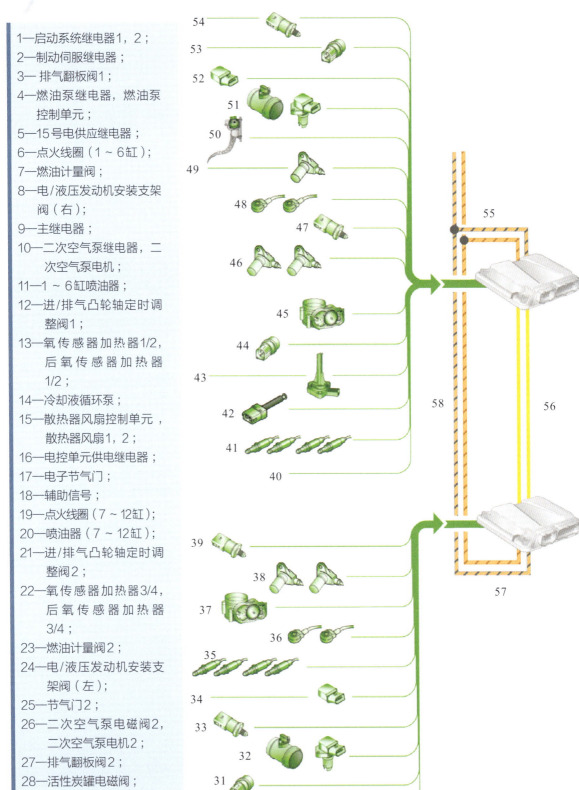

1—启动系统继电器1，2；
2—制动伺服继电器；
3—排气翻板阀1；
4—燃油泵继电器，燃油泵控制单元；
5—15号电供应继电器；
6—点火线圈（1～6缸）；
7—燃油计量阀；
8—电/液压发动机安装支架阀（右）；
9—主继电器；
10—二次空气泵继电器，二次空气泵电机；
11—1～6缸喷油器；
12—进/排气凸轮轴定时调整阀1；
13—氧传感器加热器1/2，后氧传感器加热器1/2；
14—冷却液循环泵；
15—散热器风扇控制单元，散热器风扇1，2；
16—电控单元供电继电器；
17—电子节气门；
18—辅助信号；
19—点火线圈（7～12缸）；
20—喷油器（7～12缸）；
21—进/排气凸轮轴定时调整阀2；
22—氧传感器加热器3/4，后氧传感器加热器3/4；
23—燃油计量阀2；
24—电/液压发动机安装支架阀（左）；
25—节气门2；
26—二次空气泵电磁阀2，二次空气泵电机2；
27—排气翻板阀2；
28—活性炭罐电磁阀；
29—辅助信号（挡位信号，曲轴箱通风阀，罐泄漏诊断控制单元）；

图2-4-83 奥迪W12发动机控制单元系统图

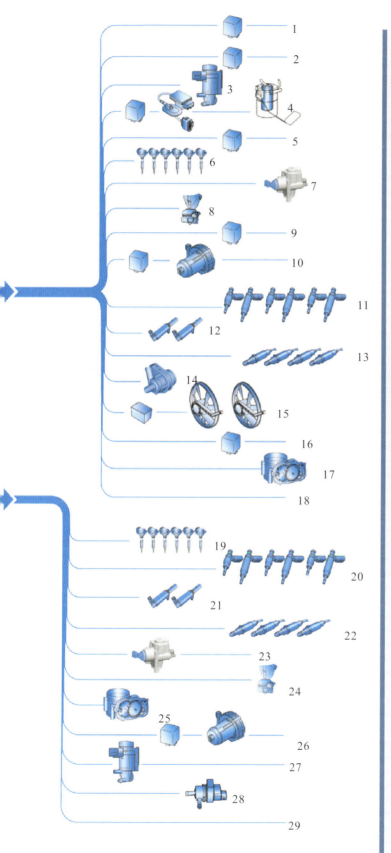

30—辅助信号[自动变速箱控制单元（P/N挡位置信号）]；
31—油压力开关；
32—空气流量计2，带进气温度传感器2；
33—燃油压力传感器2；
34—二次空气压力传感器2；
35—氧传感器3/4，催化转换器后氧传感器3/4；
36—爆震传感器3/4；
37—节气门2（带节气门驱动装置角度传感器2）；
38—霍尔传感器2/3（凸轮轴位置传感器）；
39—燃油压力传感器2；
40—辅助信号；
41—氧传感器1/2，催化转换器后的氧传感器1/2；
42—制动灯开关；
43—油位/油温传感器；
44—用于降低油压的机油压力开关；
45—节气门（带节气门驱动装置角度传感器1/2）；
46—霍尔传感器（凸轮轴位置传感器）1/3；
47—燃油压力传感器1；
48—爆燃传感器1/2；
49—发动机转速传感器；
50—加速踏板位置传感器1/2；
51—空气流量计，空气温度传感器；
52—二次空气压力传感器；
53—冷却液温度传感器；
54—低压燃油压力传感器；
55—发动机控制单元1；
56—通信总线；
57—发动机控制单元2；
58—动力总线

chapter 3

汽车底盘

- 3.1 汽车底盘概述
- 3.2 汽车传动系统
- 3.3 行驶系统
- 3.4 汽车转向系统
- 3.5 汽车制动系统

第3章

汽车底盘

3.1 汽车底盘概述

3.1.1 汽车底盘的作用

汽车底盘的作用是接收发动机的动力，使汽车产生运动。同时底盘具有支承、安装汽车发动机各部件、总成，形成汽车的整体造型，并保证汽车按照驾驶员的操控正常行驶等作用。

3.1.2 汽车底盘组成

汽车底盘由传动系统、行驶系统、转向系统和制动系统组成。如图3-1-1所示。

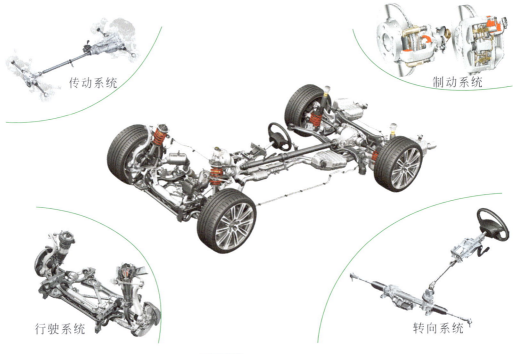

图3-1-1 汽车底盘组成

传动系统：将发动机的动力传递给车轮。传动系统包括离合器、变速器、传动轴、主减速差速器、半轴等部分。

行驶系统：使汽车各总成及部件安装到适当的位置，对全车起到支撑和对路面起到附着作用，缓和道路冲击和震动。行驶系统包括车身车架、前悬架、前车轮、后悬架、后车轮等部分。

转向系统：使汽车按照驾驶人的操控行驶。转向系统包括转向盘、转向器、转向传动装置、转向助力装置等。

制动系统：使汽车减速或停车，并可保证驾驶人离去后汽车可靠地停驻。制动系统包括前轮制动器、后轮制动器、驻车制动器、制动控制装置、传动装置和主力装置等。

3.1.3 汽车的布置形式（驱动形式）

为满足不同的使用要求，汽车的总体构造和布置形式可以各不相同。按发动机和各个总成的相对位置不同，现代的汽车布置形式通常有五种，如图3-1-2所示。

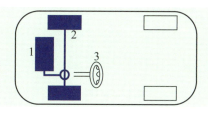

发动机前置前轮驱动（FF）——是在轿车上盛行的布置形式，具有结构紧凑、减小轿车重量、降低地板高度、改善高速行驶时的操纵稳定性等优点

(a) 前置前驱

1—发动机；	3—方向盘
2—驱动轮；	

发动机前置后轮驱动（FR）——是传统的布置形式。大多数货车、部分轿车和部分客车采用这种形式。

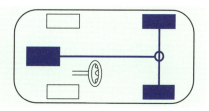

(b) 前置后驱

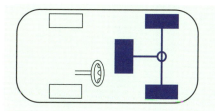

发动机中置后轮驱动（MR）——是目前大多数跑车及方程式赛车所采用的形式。由于汽车采用功率和尺寸很大的发动机，将发动机布置在驾驶员座椅之后和后轴之前有利于获得最佳轴荷分配和提高汽车的性能。此外，某些大、中型客车也采用这种布置形式，把配备的卧式发动机装在地板下面。

(c) 中置后驱

发动机后置后轮驱动（RR）——是目前大、中型客车盛行的布置形式，具有降低室内噪声、有利于车身内部布置等优点。少数轿车也采用这种形式。

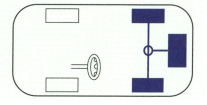

(d) 后置后驱

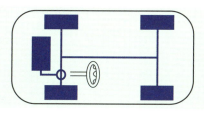

全轮驱动（AWD）——是越野汽车特有的形式，通常发动机前置，在变速器后面装有分动器，以便将动力分别输送到全部车轮上。

(e) 全轮驱动

图3-1-2 汽车布置形式（驱动形式）

3.2 汽车传动系统

3.2.1 简介

汽车传动系统的基本功用是将发动机发出的动力传给驱动车轮。

发动机发出的动力依次经过离合器、变速器（或自动变速器）、传动轴、万向传动装置、主减速差速器、半轴，最后传递到驱动轮。奥迪A6L汽车传动系统如图3-2-1所示。

传动系统的首要任务是与发动机协同工作，保证汽车在不同的使用条件下行驶，并具有良好的动力性和燃油经济性。汽车传动系统必须具有以下功能。

实现汽车的减速增扭。驱动系统必须具有减速增扭作用，将驱动轮的转速降低至发动机转速的若干分之一，相应的驱动轮所得到的转矩则增大到发动机转矩的若干倍。

实现汽车变速。实现汽车以不同速度适应不同工况、路况下行驶。

实现汽车倒车。汽车在某些情况下需要倒向行驶。发动机不能反方向运转，故而传动系统必须在保证发动机旋转方向不变的情况下，使驱动轮反方向旋转。

必要时终端传动系统动力传递。在发动机启动、怠速、长时间停车时传动系统必须能长时间切断动力传递。

使车轮具有差速功能。汽车转弯行驶时，左右车轮在同一时间滚过的距离不同，如果两侧驱动轮使用一根刚性轴驱动，两者的转速必然相同，因而车轮会出现相对于地面滑动的现象。传动系统必须具有使两侧驱动轮相对运动的功能。

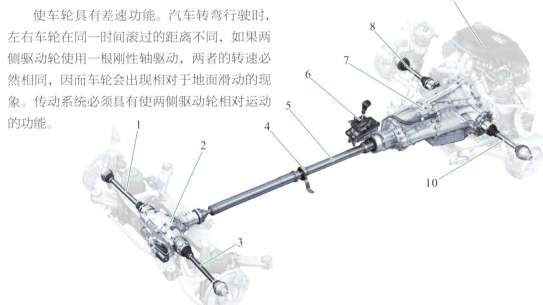

图3-2-1 奥迪A6L汽车传动系统

1,3—后驱动半轴；
2—带有运动型差速器的后桥主传动；
4—传动轴中间支撑（带有滚动轴承）；
5—传动轴；
6—选挡换挡杆；
7—变速器；
8,10—前桥驱动轴；
9—发动机

3.2.2 离合器

离合器是汽车传动系统中直接与发动机相联系的部件。离合器是这样一个传动机构：其制动部分和从动部分可以暂时分离，又可以逐渐结合，并且传动过程中还有可能相对转动。

奥迪A6L自调式离合器如图3-2-2所示。自调式离合器可在离合器从动盘整个使用周期内保持不变的分离力，使离合器从动盘具有更高的磨损余量。

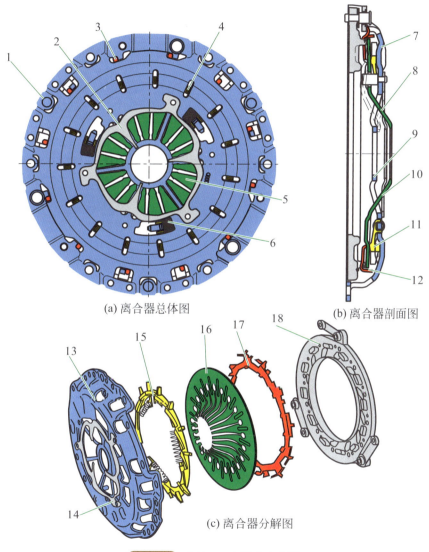

(a) 离合器总体图　　(b) 离合器剖面图

(c) 离合器分解图

图3-2-2　奥迪A6L自调式离合器

1,7—壳体盖板；
2,8—辅助弹簧；
3,12,17—传感器碟形弹簧；
4,11—调整环；
5,10,16—主碟形弹簧；
6—压力弹簧；
9—分离挡块；
13—带辅助弹簧和分离挡块的壳体盖板；
14—辅助弹簧（铆上）；
15—带压力弹簧的调整环；
18—压板

奥迪A6L自调式离合器与传统离合器的区别如图3-2-3所示。

自调式离合器压板与传统式离合器不同。自调式离合器上主碟形弹簧的支座为非固定式，通过传感器碟形弹簧和调整环对主碟形弹簧进行支撑。

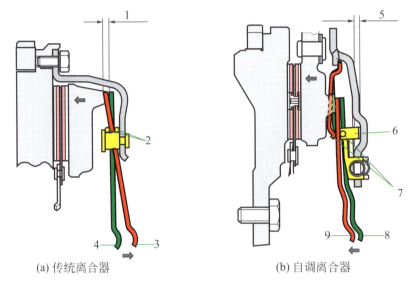

图3-2-3 奥迪A6L自调式离合器与传统离合器的区别

1,5—磨损后的间隙；
2,7—主碟形弹簧支座；
3,9—磨损后的位置；
4,8—全新的位置；
6—调整环

自调式离合器分离过程如图3-2-4所示。

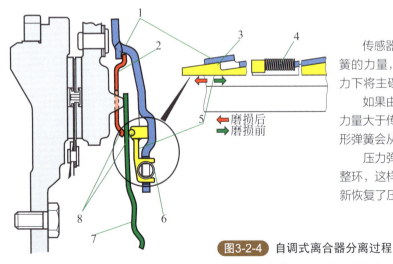

传感器碟形弹簧的力量克服主碟形弹簧的力量，力量大小应保证在正常分离力下将主碟形弹簧压在调整环上。

如果由于摩擦片磨损使主碟形弹簧的力量大于传感器碟形弹簧的力量，则主碟形弹簧会从调整环上翘起。

压力弹簧沿着壳体盖板的斜面扭转调整环，这样就补偿了摩擦片的磨损，并重新恢复了压紧和分离力。

图3-2-4 自调式离合器分离过程

1—壳体盖板；
2—传感器碟形弹簧；
3—斜面；
4—压力弹簧；
5—带斜面的调整环；
6—压力弹簧；
7—主碟形弹簧；
8—主碟形弹簧的支座

3.2.3 手动变速器

手动变速器是依靠驾驶员手动操纵变速杆选挡换挡的变速器，为大多数汽车采用。

（1）变速器壳体（图3-2-5）

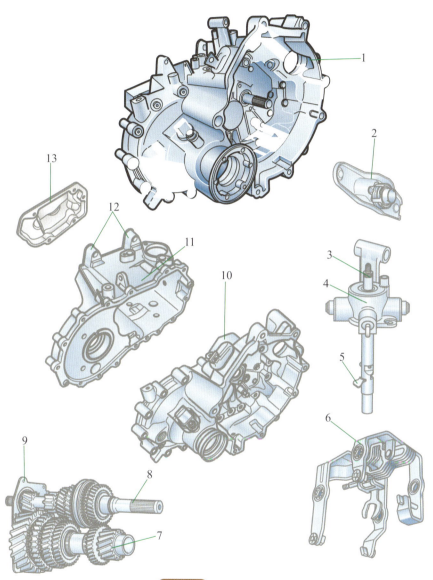

图3-2-5 变速器壳体

1—手动变速器；
2—离合器分离杆；
3—换挡轴；
4—换挡机构盖；
5—换挡拨爪；
6—内部换挡机构；
7—输出轴；
8—输入轴；
9—轴承支承；
10—离合器壳体；
11—变速箱壳体；
12—总成支架安装点；
13—变速箱壳体罩盖

（2）手动变速器剖视图

5挡手动变速器剖视图如图3-2-6所示。

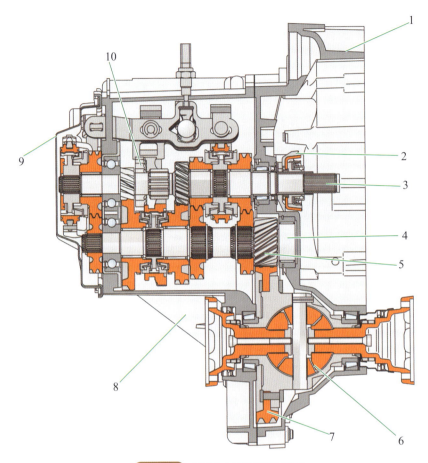

图3-2-6 5挡手动变速器剖视图

1—离合器壳体；
2—离合器分离杆；
3—输入轴；
4—输出轴；
5—输出轴齿轮；
6—差速器；
7—主传动；
8—变速器壳体；
9—变速器壳体罩盖；
10—倒挡换向齿轮

5挡手动变速器，在输入轴和输出轴上的齿轮是螺旋槽齿轮并连续啮合。所有挡位齿轮都套在滚针轴承上运转以保证最大的平滑度。1挡和2挡齿轮在输出轴上啮合，3挡、4挡和5挡齿轮在输入轴上啮合。

倒挡齿轮为直齿齿轮。挂入倒挡时，倒挡换向齿轮啮合到一个在输出轴和输入轴之间的独立轴上，输出轴的转动方向被改变。

所有前进挡都是同步的。1挡和2挡安装有双同步器。

发动机动力通过输出轴齿轮被传递到主传动齿轮以及差速器上。

（3）输入轴和输出轴

5挡手动变速器输入轴和输出轴如图3-2-7所示。

输出轴连同位于离合器壳体内的一个滚柱轴承（活动轴承）和一个开槽滚珠轴承（固定轴承）安装在变速器壳体内的一个轴承总成上。

1挡、2挡和倒挡齿轮主动连接在输出轴上；3挡、4挡、5挡齿轮是活动的，并套在滚针轴承上运转。

3挡或4挡齿轮和5挡齿轮的同步器是通过纵向的键槽与输入轴主动连接的。其中一对齿轮啮合后，对应的换向齿轮也连接到输入轴。同步器锁环保持齿轮的位置。

3挡、4挡和5挡齿轮以及1挡或2挡齿轮的同步器是在旋转的方向上以较小间隙的齿轮主动连接在输出轴上。

1挡和2挡齿轮是空转齿轮，套在输出轴的滚针轴承上转动。

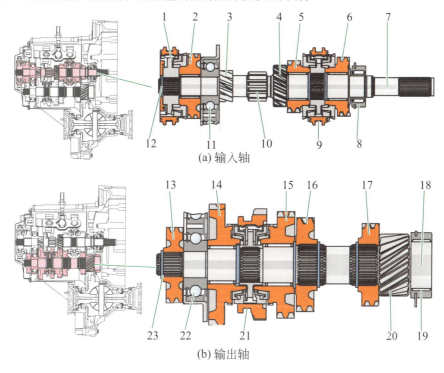

图3-2-7　5挡手动变速器输入轴和输出轴

1—5挡齿轮同步齿轮；
2,13—5挡换挡齿轮；
3,14—1挡换挡齿轮；
4,15—2挡换挡齿轮；
5,16—3挡换挡齿轮；
6,17—4挡换挡齿轮；
7—用于减少重量的深钻孔；
8—滚柱轴承；
9—3挡/4挡齿轮同步器；
10—倒挡齿轮；
11—带开槽滚珠轴承的轴承支架；
12,23—锁环；
18—用于减少重量的钻孔；
19—滚柱齿轮；
20—主传动齿轮；
21—1挡/2挡同步器；
22—带开槽滚珠轴承的轴承支架

（4）同步器

以1挡或2挡同步器为例，如图3-2-8所示。

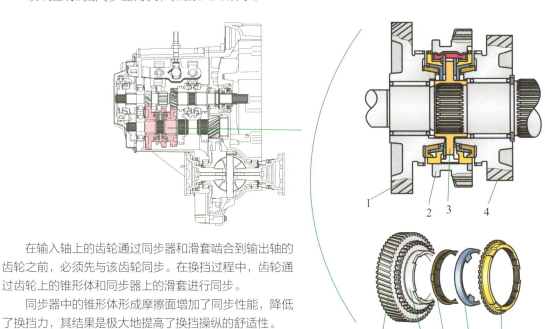

在输入轴上的齿轮通过同步器和滑套啮合到输出轴的齿轮之前，必须先与该齿轮同步。在换挡过程中，齿轮通过齿轮上的锥形体和同步器上的滑套进行同步。

同步器中的锥形体形成摩擦面增加了同步性能，降低了换挡力，其结果是极大地提高了换挡操纵的舒适性。

图3-2-8 同步器

1—1挡换挡齿轮；
2—滑动套筒；
3—1挡和2挡齿轮同步器；
4—2挡换挡齿轮；
5,6—外同步器环；
7—内同步环；
8—同步环中内椎体；
9—换挡齿轮

（5）差速器（图3-2-9）

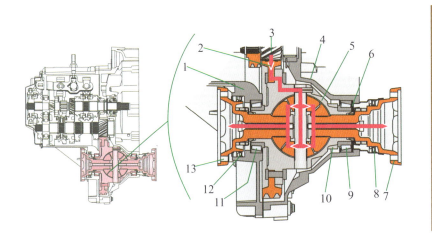

1—变速器壳体；
2—主传动齿轮；
3—输出轴齿轮；
4—离合器壳体；
5—差速器壳体；
6—调整盘；
7—右法兰轴；
8,12—油封；
9,11—滚锥轴承；
10—减速部分；
13—左法兰轴

图3-2-9 差速器

（6）动力传递路径（图3-2-10）

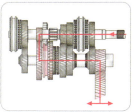
输入轴→输入轴1挡换档齿轮→输出轴1挡齿轮→1挡或2挡同步器→主传动齿轮→主减速器

(a) 1挡传递路径

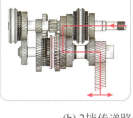
输入轴→输入轴2挡换挡齿轮→输出轴2挡齿轮→1挡或2挡同步器→主传动齿轮→主减速器

(b) 2挡传递路径

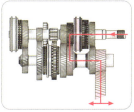
输入轴→输入轴3挡换挡齿轮→3挡或4挡同步器→输出轴3挡齿轮→主传动齿轮→主减速器

(c) 3挡传递路径

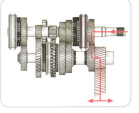
输入轴→输入轴4挡换挡齿轮→3挡或4挡同步器→输出轴4挡齿轮→主传动齿轮→主减速器

(d) 4挡传递路径

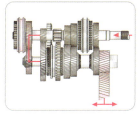
输入轴→输入轴5挡换挡齿轮→5挡同步器→输出轴5挡齿轮→主传动齿轮→主减速器

(e) 5挡传递路径

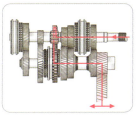
输入轴→输入轴倒挡换挡齿轮→中间轴倒挡换向齿轮→1挡或2挡同步器→主传动齿轮→主减速器

(f) 倒挡传递路径

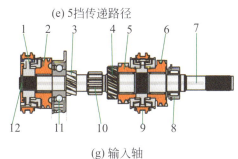

(g) 输入轴

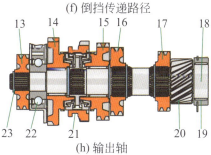

(h) 输出轴

图3-2-10 动力传递路径

1—5挡齿轮同步齿轮；
2—5挡换挡齿轮；
3—1挡换挡齿轮；
4—2挡换挡齿轮；
5—3挡换挡齿轮；
6—4挡换挡齿轮；
7—用于减少重量的深钻孔；
8—滚柱轴承；
9—3挡或4挡齿轮同步器；
10—倒挡齿轮；
11—带开槽滚珠轴承的轴承支架；
12—锁环；
13—5档齿轮；
14—1挡换挡齿轮；
15—2挡换挡齿轮；
16—3挡换挡齿轮；
17—4挡换挡齿轮；
18—用于减少重量的钻孔；
19—滚柱齿轮；
20—主传动齿轮；
21—1挡/2挡同步器；
22—带开槽滚珠轴承的轴承支架；
23—锁环

（7）换挡机构

换挡机构如图3-2-11所示；换挡、选挡动作传递如图3-2-12所示。

选挡拉索和换挡拉索将变速器操纵杆的选挡和换挡动作传递到换挡轴上。

中继杆和换挡运动杆将两根拉索的运动分解成换挡轴的向前、向后和旋转运动。

在换挡机构罩盖上有一个角块，使换挡杆按照预先设计好的位置安装。

内部换挡机构安装在变速箱内。换挡运动从上部传入到变速箱。换挡轴位于换挡机构罩壳中，换挡轴在选挡动作中轴向运动，并在换挡动作中转动。两个带有弹簧的球体将选挡轴锁定位置。

1挡、2挡、3挡、4挡换挡拨叉安装在向心滚珠轴承上，增加了换挡机构运动的平顺性。在换挡时，换挡板和换挡轴上的换挡拨叉右换挡拨爪移动。换挡拨叉的换挡块卡入到相应的齿轮或同步器滑套中。

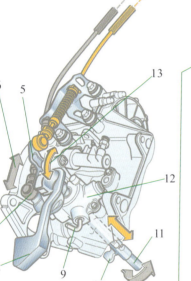

(a) 外部换挡机构

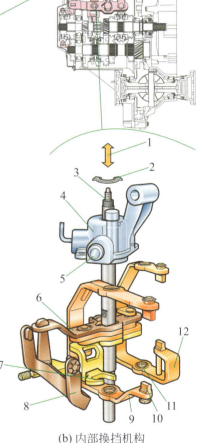

(b) 内部换挡机构

图3-2-11 换挡机构

1—换挡操纵杆；
2—换挡操纵机构外壳；
3—选挡拉索；
4—换挡拉索；
5—中继杆；
6—换挡运动；
7—换挡运动杆；
8—带平衡块的换挡杆；
9—角块；
10—换挡拨爪；
11—换挡轴；
12—换挡机构罩盖；
13—选挡运动

1—选挡运动；
2—换挡运动；
3—换挡轴；
4—换挡机构罩盖；
5—锁止球体；
6—换挡板；
7—倒挡换挡拨叉；
8—5挡换挡拨叉；
9—1挡、2挡换挡拨叉；
10—换挡块；
11—向心滚珠轴承；
12—3挡、4挡换挡拨叉

操纵杆左右选挡动作通过选挡杆转换为选挡拉索的前后运动。通过变速器外部机构选挡拉索的前后运动被转换为换挡轴的上下运动。

选挡拉杆安装在中继杆上,中继杆安装在中心轴承上,并通过一个滑块与换挡轴非刚性连接。

在变速器内部,该上下运动将换挡轴上的换挡拨叉定位在相应的换挡板上,而相应选择的齿轮啮合(1挡或2挡齿轮;3挡或4挡齿轮;5挡或倒挡齿轮)进换挡板中。

换挡动作通过换挡导块传递到换挡拉索。换挡杆拉索在换挡中的向前或向后的运动使得换挡轴转动。可移动的滑块使选挡拉索中继杆在所选择的位置保持不变。

在变速器内,换挡轴上的换挡拨爪在转动中移动换挡板。在转动中,换挡轴驱动换挡拨叉并选择换挡衬套,挡位被啮合。

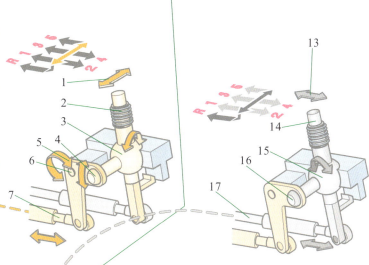
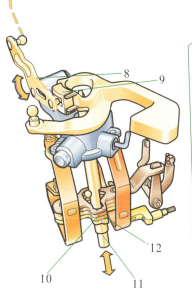

(a) 选档动作 (b) 换挡动作

图3-2-12 换挡、选挡动作传递

1—选挡动作;
2—换挡操纵杆;
3—换挡操纵杆轴承;
4—球形导块;
5—选挡杆;
6—轴承销;
7—选挡拉索;
8—中继杆;
9—滑块;
10—换挡拨爪;
11—换挡轴;
12—换挡板;
13—换挡动作;
14—换挡操纵杆;
15—换挡操纵杆轴承;
16—球形导块;
17—换挡拉索;
18—中继杆;
19—滑块;
20—换挡杆上的凸轮;
21—平衡块;
22—换挡轴;
23—倒挡啮合;
24—换挡拨爪;
25—换挡板

（8）6挡变速器（图3-2-13）

6挡换挡齿轮在输入轴轴套上的滚针轴承上转动。该轴承同时也作为输入轴在变速器壳体罩盖上的支撑轴承。6挡齿轮通过直齿及一个在变速器壳体罩盖上的滚柱轴承突肩安装在输出轴上。

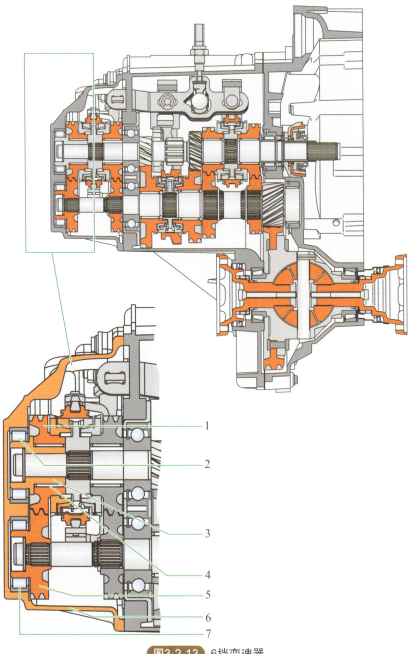

图3-2-13　6挡变速器

1—6挡换挡齿轮；
2—滚柱轴承；
3—套筒；
4—滚针轴承；
5—带直齿的6挡齿轮；
6—变速器壳体罩盖；
7—滚柱轴承

3.2.4 自动变速器

自动变速器是指可以根据发动机负荷和车速等工况的变化自动变换传动比，即自动升降挡的变速器。自动变速器可使汽车获得良好的动力性和燃油经济性，可显著提高车辆行驶安全性、乘坐舒适性和操控轻便性。

自动变速器按照传动系统齿轮结构可分为双离合器式自动变速器、CVT（无级变速器）和行星齿轮式自动变速器。

（1）双离合器式自动变速器

双离合器式自助变速器（double clutch transmission，DCT）的动力传递是通过两个离合器分别连接两根输入轴，两个离合器交替工作，换挡过程中通过离合器的打滑控制使得动力持续传递，能够实现在不切断动力的情况下转换传动比，从而缩短换挡时间，有效提高换挡品质。DCT的产生及其在车上的应用，兼顾了AMT和AT的优点，实现了动力换挡，具有较好的起步品质和换挡质量，满足车辆平顺性的同时又保证了燃油经济性。

双离合器式自动变速器（DCT）由两个离合器、与两个离合器分别相连接的两根输入轴、按奇偶数挡位分别布置在两根输入轴上的换挡同步器及相应齿轮组、自动换挡控制系统以及电控系统（TCU）等组成。它的主要特点是变速器各挡位主动齿轮按奇偶数挡位分别与输入轴上设置的两个离合器C1、C2连接，离合器C1、C2交替传递工作动力以实现挡位切换。

DCT工作时，车辆先以某个与一个离合器相连的挡位运行，车辆自动变速器电控单元可以根据相关传感器的信号判断即将进入工作的与另一个离合器相连的下一挡位，因该挡位还未传递动力，故控制指令十分方便地控制换挡执行机构，预先啮合这一挡位，在车辆运行达到换挡点时，只需要将正在工作的离合器分离，同时将另一个离合器接合，就使汽车以下一个挡位行驶。在换挡过程中，发动机的动力始终不断地被传递到车轮，所以这样完成的换挡过程为动力换挡。车辆实现动力换挡过程，将大大提高换挡舒适性，同时也保证车辆具有良好的燃油经济性，使车辆油耗和排放等方面得到改善。

① 双离合器式自动变速器构造图　奥迪Q5汽车6速双离合器式自动变速器（0B2）构造图如图3-2-14所示；7速双离合器变速器（0B5/S tronic）剖视图如图3-2-15所示。

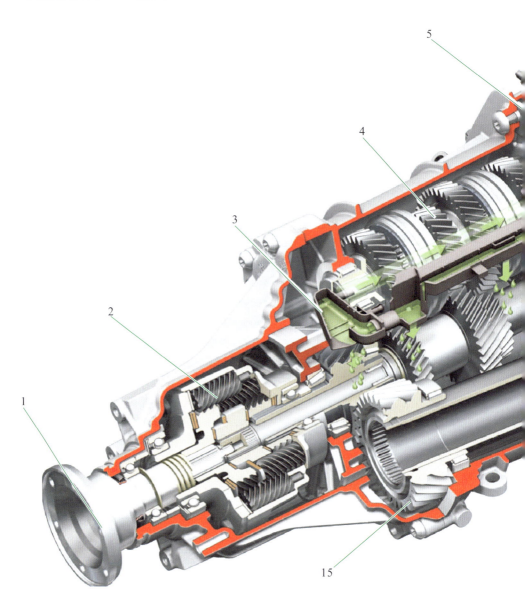

1—输出法兰，到后桥驱动装置；
2—自锁式中间差速器，具有非对称式动态力矩分配功能；
3—变速器油道；
4—传动轴架在三个轴承上；
5—专用接油盘，用于有针对性地润滑轴颈和齿轮；
6—两根输入轴（和K2离合器连接的输入轴2中空，空套在与离合器K1连接的输入轴1，利用滚针轴承相对运动）；

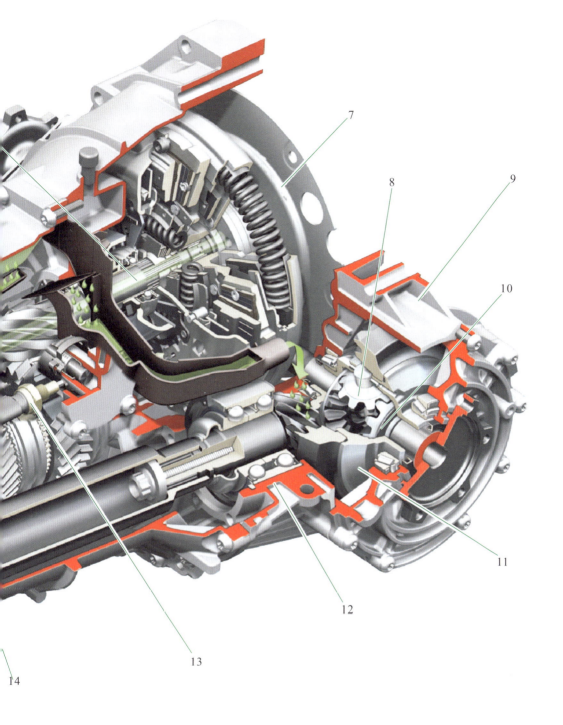

图3-2-14 奥迪Q5汽车6速双离合器式自动变速器构造图

7—双离合器壳体；
8—差速器行星齿轮；
9—主传动/差速器壳体；
10—差速器半轴行星齿轮；
11—锥形齿轮（齿形特殊，同时用于斜向运动的半轴）；
12—密封式双列角接触球轴承；
13—1挡/2挡和R挡识别开关；
14—在两个平面内斜向运动的半轴；
15—斜面体齿轮（圆柱齿轮的齿形特殊，可让轴在两个平面内斜向运动）

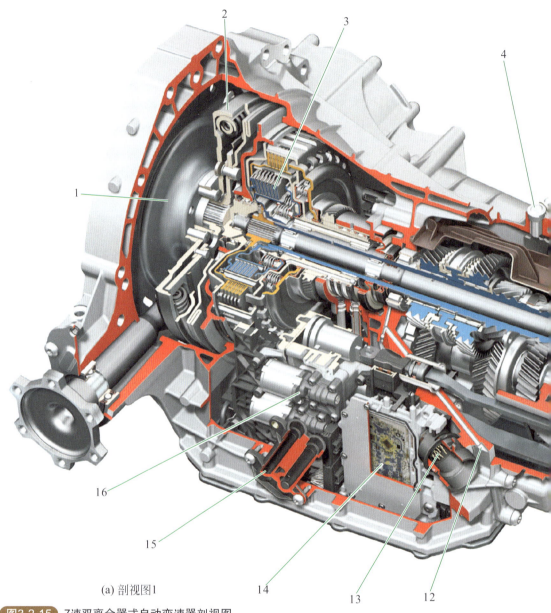

(a) 剖视图1

图3-2-15 7速双离合器式自动变速器剖视图

1—传动盘；
2—双质量飞轮；
3—双离合器总成；
4—制动阀；
5—换挡杆；
6—接油盘；
7—滚珠轴承；
8—所有轴油封的保养压入深度；
9—自锁式中间差速器（具有非对称式动态力矩分配功能）；
10—变速器机油加注和检查螺栓；
11—换挡拨叉轴；
12—泄油孔；
13—供电插头；

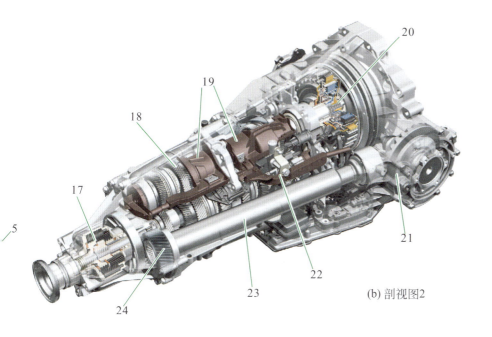

(b) 剖视图2

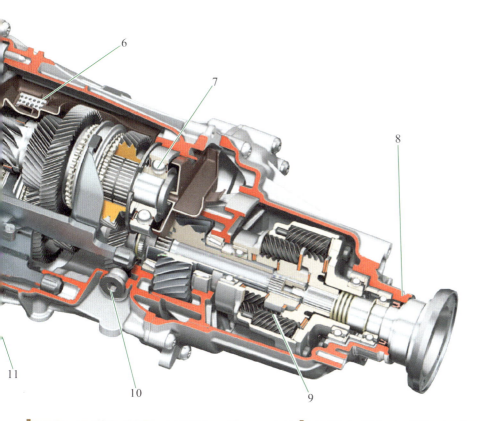

14—变速器控制单元；
15—ATF冷却器连接模块；
16—液压控制系统（电磁阀板）；
17—中间差速器；
18—全同步7挡齿套换挡式变速器；
19—接油盘；
20—双离合器总成；
21—主传动，带有锥形齿轮；
22—换挡杆；
23—在两个平面内斜向运动的半轴；
24—齿形特殊的圆柱齿轮，能让轴在两个平面内斜向运动（斜面体齿轮）

② 双离合器式自动变速器输入、输出轴构造　奥迪Q5汽车7挡双离合器式自动变速器0B5/S tronic输入、输出剖视图如图3-2-16所示。大众0AM 7挡双离合器式自动变速器输入轴、输出轴剖视图如图3-2-17所示。

驱动力通过传动盘传到双质量飞轮上。扭矩从这里被传递到电动液压调节的双离合器上，双离合器可根据选择来操纵偶数挡或者奇数挡。因此，变速器就分为两个分变速器。

　　a.分变速器1

奇数挡（1挡，3挡，5挡，7挡）可通过中间输入轴1用离合器K1来驱动。

　　b.分变速器2

偶数挡（2挡，4挡，6挡）和倒挡可通过输入轴2（一根空心轴）用离合器K2来驱动。

输出时采用一根公用的输出轴，该输出轴将扭矩直接传到中间差速器。中间差速器将这个扭矩的约60%分配给后桥法兰轴，约40%分配给齿形特殊的圆柱齿轮并经半轴传到前轮驱动装置

换挡过程如下。

　　a.起步

选挡杆在位置P或N时挂入的是1挡和倒挡，这样就不会出现起步延迟了。根据驾驶员决定是倒车还是前行，已经预选了正确的挡位。

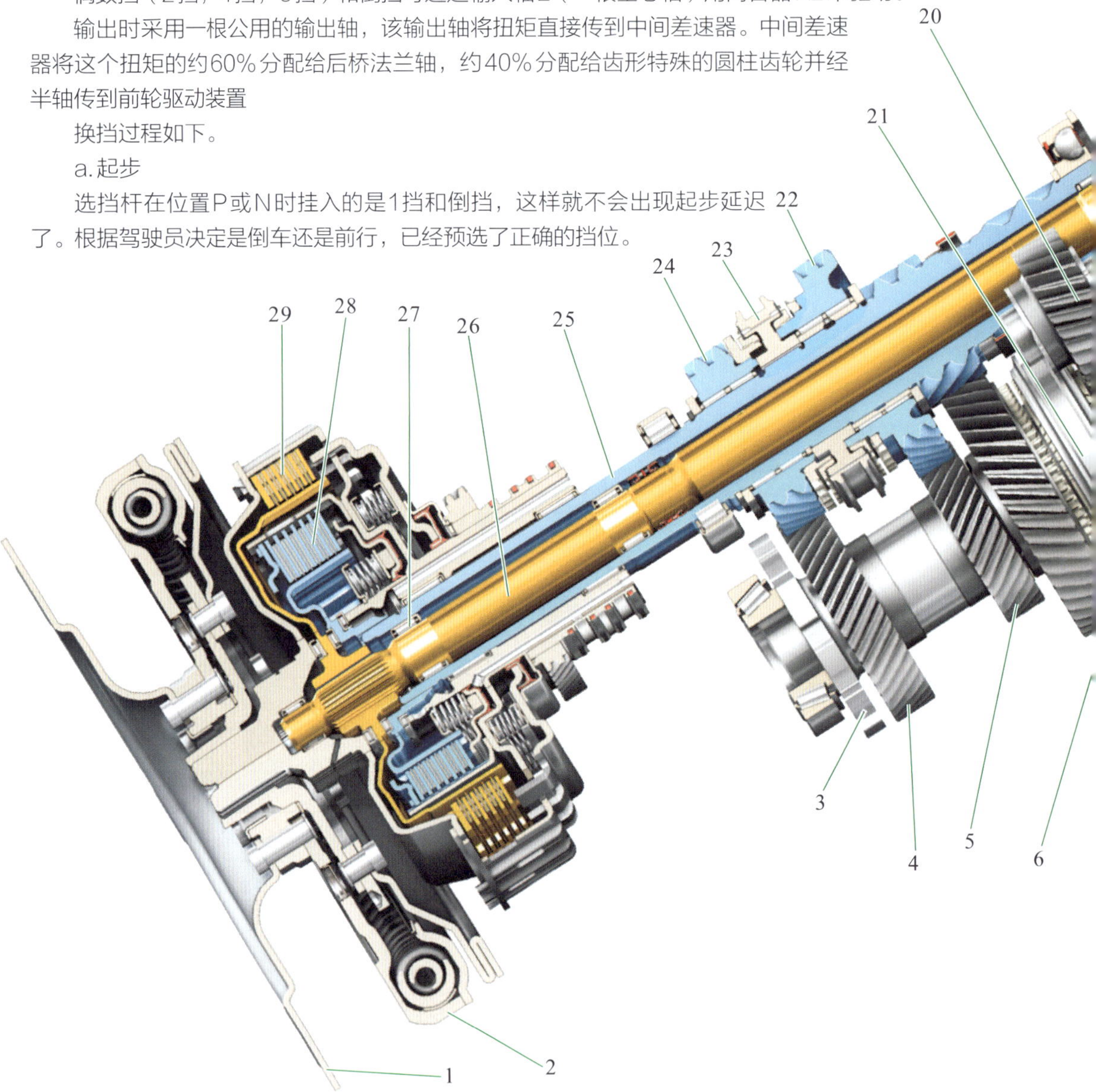

图3-2-16 奥迪Q5汽车7挡双离合器式自动变速器0B5/S troni输入、输出轴剖视图

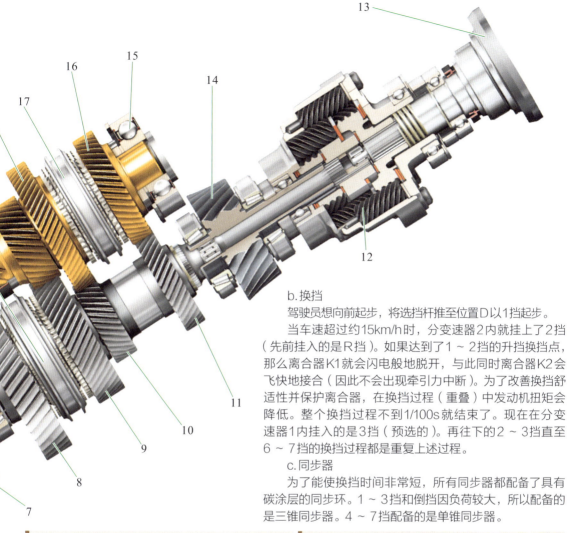

b. 换挡

驾驶员想向前起步，将选挡杆推至位置D以1挡起步。

当车速超过约15km/h时，分变速器2内就挂上了2挡（先前挂入的是R挡）。如果达到了1～2挡的升挡换挡点，那么离合器K1就会闪电般地脱开，与此同时离合器K2会飞快地接合（因此不会出现牵引力中断）。为了改善换挡舒适性并保护离合器，在换挡过程（重叠）中发动机扭矩会降低。整个换挡过程不到1/100s就结束了。现在在分变速器1内挂入的是3挡（预选的）。再往下的2～3挡直至6～7挡的换挡过程都是重复上述过程。

c. 同步器

为了能使换挡时间非常短，所有同步器都配备了具有碳涂层的同步环。1～3挡和倒挡因负荷较大，所以配备的是三锥同步器。4～7挡配备的是单锥同步器。

1—传动盘；
2—双质量飞轮；
3—驻车锁齿轮；
4—4挡齿轮（输出轴）；
5—6挡齿轮（输出轴）；
6—2挡齿轮（输出轴）；
7—R挡齿轮；
8—1挡齿轮（输出轴）；
9—3挡齿轮（输出轴）；
10—7挡齿轮（输出轴）；
11—5挡齿轮（输出轴）；
12—中间差速器；
13—输出到后桥驱动装置；
14—圆柱齿轮/输出到前桥驱动装置；
15—圆珠轴承；
16—5挡同步齿轮（输入轴）；
17—5挡、7挡同步器；
18—7挡同步齿轮（输入轴）；
19—1挡、3挡同步器；
20—R挡中间轴齿轮；
21—2挡、R挡同步器；
22—6挡同步齿轮（输入轴）；
23—4挡、6挡同步器；
24—4挡同步齿轮（输入轴）；
25—输入轴2；
26—输入轴1；
27—滚柱轴承；
28—离合器K2；
29—离合器K1

输入轴1通过花键与离合器K1相连,用于驱动1挡、3挡、5挡、7挡。变速器控制单元通过转速传感器监测变速器输入转速

输入轴2为空心轴,安装在输入轴1的外侧。通过花键与离合器K2相连,用于驱动2挡、4挡、6挡、倒挡。变速器控制单元通过转速传感器2监测变速器输入转速

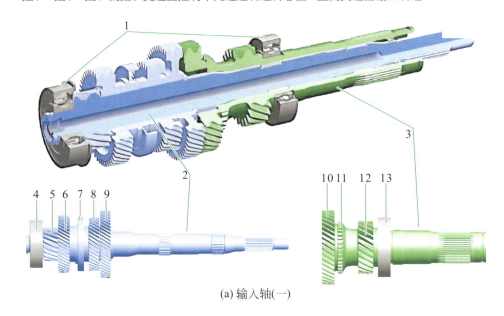

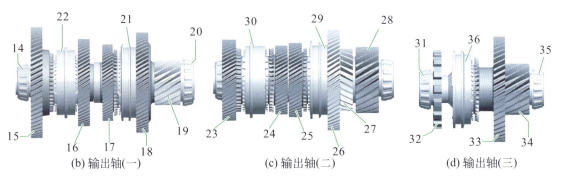

图3-2-17 大众0AM 7挡双离合器式自动变速器输入、输出轴剖视图

1,4,13—轴承;
2—输入轴1;
3—输入轴2;
5—1挡齿轮;
6—5档齿轮;
7—输入轴转速传感器信号靶轮1;
8—3挡齿轮;
9—7档齿轮;
10—4挡/6挡齿轮;
11—输入轴转速传感器信号靶轮2;
12—2挡/R挡齿轮;
14,20,31,35—轴承;
15—1挡齿轮;
16—3挡齿轮;
17—4挡齿轮;
18—2挡齿轮;
19—输出齿轮;
21—2挡/4挡同步器;
22—1挡/3挡同步器;
23—5挡齿轮;
24—7挡齿轮;
25—6挡齿轮;
26—R挡中间齿轮1;
27—R挡中间齿轮2;
28—输出齿轮;
29—6挡/R挡同步器;
30—5挡/7挡同步器;
32—P挡锁止机构齿轮;
33—R挡齿轮;
34—输出齿轮;
36—R挡同步器

③ 双离合器构造及工作原理（图3-2-18）

为接合离合器，离合器叉要将压力轴承压到碟形弹簧上。按压运动转换为拉伸运动，压盘被推到离合器盘和主动轮上。扭矩传递至变速器输入轴。K1的液压离合器执行器压力调节阀控制离合器叉。

推动离合器叉后，压力轴承沿与碟形弹簧作用力相反的方向按压压盘。因为碟形弹簧支撑在离合器壳体上，所以压盘会压向主动轮，扭矩便传递至输入轴2上。K2的液压离合器执行器的压力调节阀控制离合器叉。

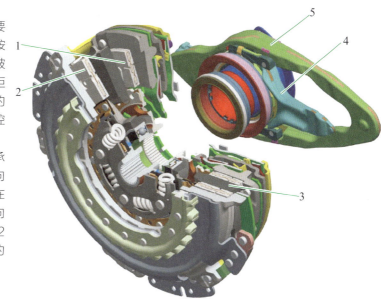

(a) 双离合器构造

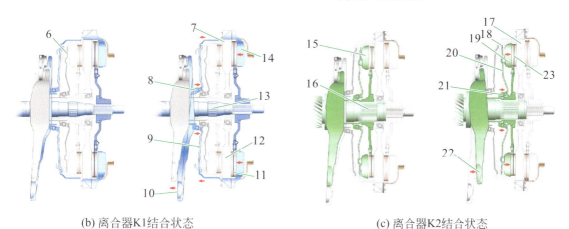

(b) 离合器K1结合状态　　　　　　(c) 离合器K2结合状态

图3-2-18　双离合构造及工作原理

1—K2离合器；
2—K1离合器；
3—驱动盘；
4—K2操纵杆；
5—K1操纵杆；
6—离合器K1未结合；
7—离合器K1结合；
8,21—压力轴承；
9,20—碟形弹簧；
10,22—离合器叉；
11,23—离合器盘；
12—主动轮；
13—输入轴1；
14,19—压盘；
15—离合器K2未结合；
16—输入轴2；
17—主动盘；
18—支撑点

④ 双离合器式自动变速器控制　双离合器式自动变速器的Mechatronik是变速器的中央控制单元（图3-2-19），它将电动液压控制单元（执行元件）、电子控制单元和一部分传感器整合在一起。

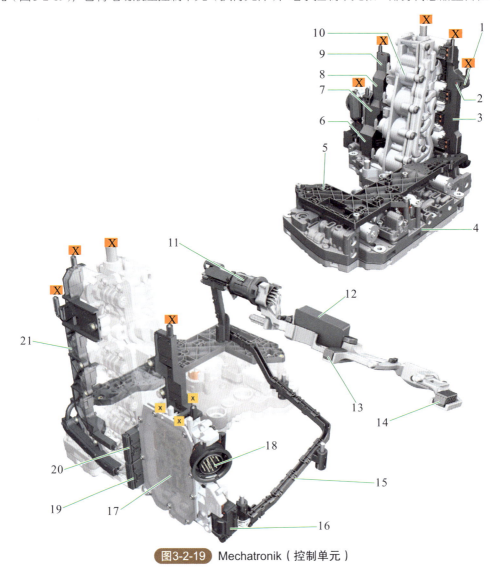

图3-2-19　Mechatronik（控制单元）

1—离合器温度传感器；
2—变速器轴输入速度传感器（离合器输入转速）；
3,21—印制电路板2；
4—电动液压控制单元；
5—印制电路板1；
6—行程传感器1（用于2挡、R挡选挡）；
7—行程传感器2（用于1挡、3挡选挡）；
8—行程传感器3（用于7挡、5挡选挡）；
9—行程传感器4（用于4挡、6挡选挡）；
10—选挡模块；
11—传感器模块线束插头；
12—挡位传感器；
13—变速器输入转速传感器2；
14—变速器输入转速传感器1；
15—线束/电缆通道；
16—变速器控制单元线束插头（传感器模块）；
17—电子模块（变速器电子控制单元）；
18—变速器控制单元与车辆线束的插头；
19—变速器控制单元——印制电路板1插头；
20—变速器控制单元——印制电路板2插头

⑤ 双离合器式自动变速器传感器（图3-2-20）

行程传感器均为霍尔式传感器，用于判定换挡拨叉轴或换挡拨叉的位置。行程传感器由两个霍尔传感器和两个永久磁铁构成。永久磁铁固定在换挡拨叉轴上。根据磁铁相对于霍尔传感器的位置，霍尔传感器会根据行程大小输出一个相应的电压。根据这两个电压信号就可以计算出行程信号。

自动变速器电子控制单元内的温度传感器，用于测量ATF的精确温度（ATF温度会影响到离合器的调节和液压控制）。处理器内部温度传感器用于直接测量关键元件的温度。

液压压力（K1）传感器和液压压力（K2）传感器用于监控离合器压紧力以及用于主压力和分变速器压力的自适应。

 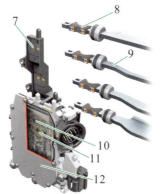 

(a) 换挡行程传感器

1—行程传感器4（4挡、6挡选挡）；
2—行程传感器3（7挡、5挡选挡）；
3—行程传感器2（1挡、3挡选挡）；
4—行程传感器1（2挡、R挡选挡）；
5—液压压力（K1）传感器；
6—液压压力（K2）传感器；
7—霍尔传感器；
8—永久磁铁；
9—换挡拨叉轴；
10—电子控制单元内的温度传感器；
11—处理器内的温度传感器；
12—自动变速器控制单元

  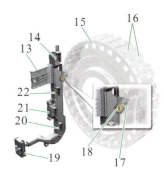

(b) 变速器输入传感器和行程挡位传感器

1—输入轴1的靶轮；
2—输入轴2的靶轮；
3,8—行驶挡位传感器；
4,9—传感器模块/线束插头；
5,12—印制电路板3；
6—变速器输入转速传感器2；
7—变速器输入转速传感器1；
10—驻车锁杠杆；
11—永久磁铁；
13—印制电路板2；
14,20~22—与选挡阀连接的插头；
15—离合器K1的外片支架；
16—冷却机油出口；
17—离合器温度传感器；
18—变速器输入转速传感器3；
19—与变速器控制单元连接的插头

图3-2-20 双离合器式自动变速器传感器

⑥ 带执行机构（换挡拨叉）的液压系统（图3-2-21）

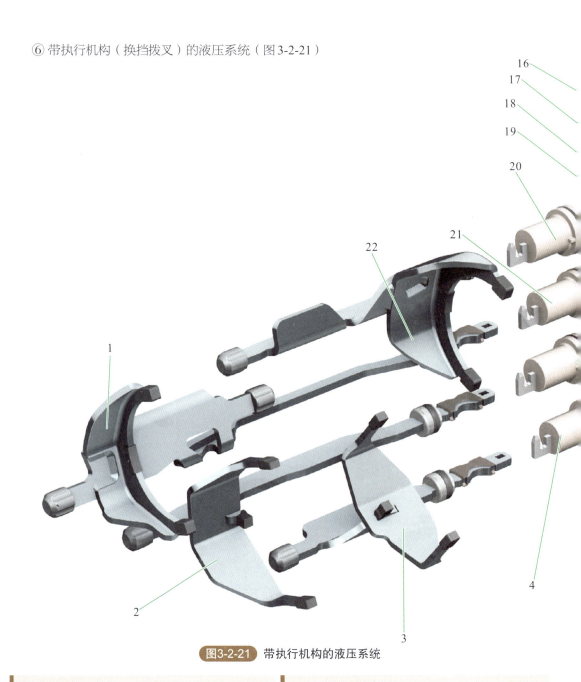

图3-2-21 带执行机构的液压系统

1—换挡拨叉7挡、5挡；
2—换挡拨叉1挡、3挡；
3—换挡拨叉2挡、R挡；
4—2挡、R挡选挡器；
5—1挡、3挡选挡器；
6—电动液压控制单元；
7—分变速器1内的压力调节（分变速器1内的电磁阀4）；
8—主压力电磁阀；
9—分变速器2内压力调节（分变速器2内的电磁阀4）；
10—K2离合器激活电磁阀（分变速器2内的电磁阀3）；
11—K1离合器激活电磁阀（分变速器1内的

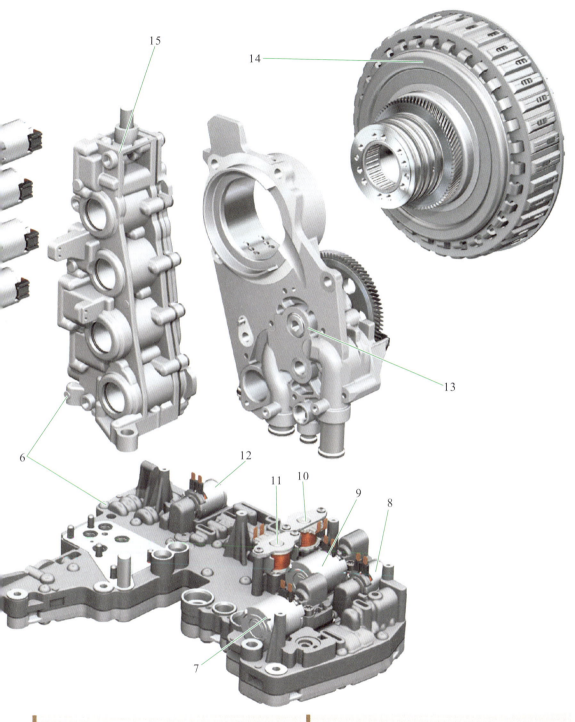

电磁阀3）；
12—冷却机油电磁阀；
13—ATF泵（带用于双离合器的旋转引导部分）；
14—双离合器（两个机油冷却的多片离合器）；
15—电动液压控制单元——选挡模块；
16—4挡、6挡选挡电磁阀（分变速器2内的电磁阀2）；
17—5挡、7挡选挡电磁阀（分变速器1内的电磁阀2）；
18—1挡、3挡选挡电磁阀（分变速器1内的电磁阀1）；
19—2挡、R挡选挡电磁阀（分变速器2内的电磁阀1）；
20—4挡、6挡选挡器；
21—7挡、5挡选挡器；
22—4挡、6挡换挡拨叉

⑦ 双离合器式自动变速器润滑（图3-2-22）

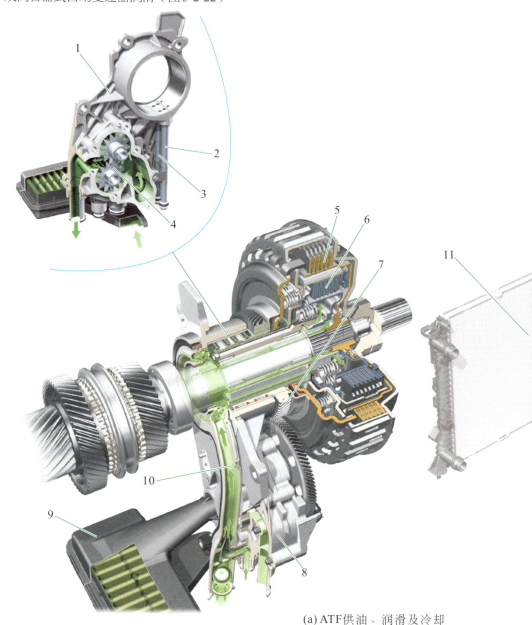

(a) ATF供油、润滑及冷却

ATF泵为液压控制系统提供其所需要的机油压力，以完成以下功能。
a. 控制多片式离合器（动力接合和动力切断）。
b. 对多片式离合器进行冷却和润滑。
c. 控制换挡液压系统（以实现换挡）。

抽吸泵用于提高离合器冷却用的机油流量。抽吸泵采用文丘里原理进行工作，该泵在不需要增大机油泵的消耗功率的情况下，就可以使冷却机油流量增大1倍。这样可以使得机油泵的尺寸较小，从而提高变速器的效率。

ATF是采用集成在发动机散热器上的ATF冷却器来冷却的。

ATF冷却器的供油管上有一个压力滤清器，它与进气滤清器一同来保证ATF的清洁。

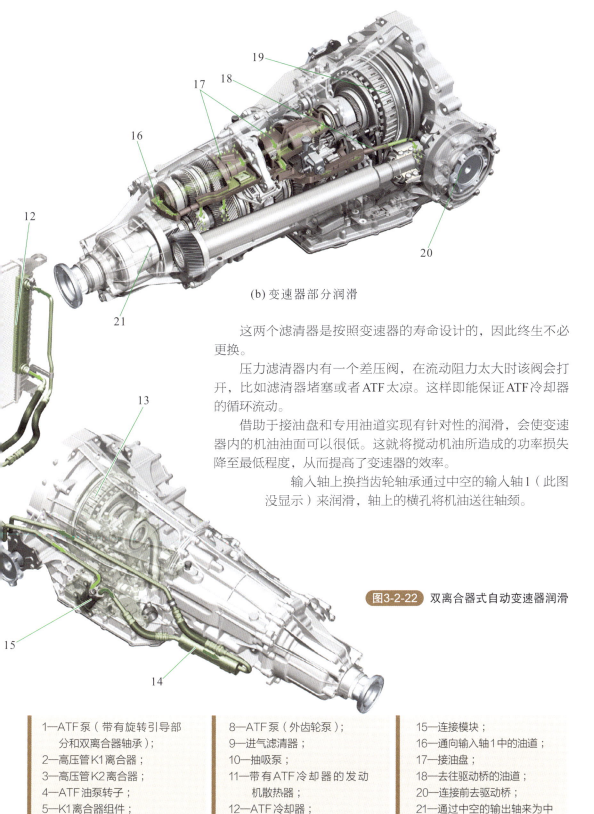

(b) 变速器部分润滑

这两个滤清器是按照变速器的寿命设计的，因此终生不必更换。

压力滤清器内有一个差压阀，在流动阻力太大时该阀会打开，比如滤清器堵塞或者ATF太凉。这样即能保证ATF冷却器的循环流动。

借助于接油盘和专用油道实现有针对性的润滑，会使变速器内的机油油面可以很低。这就将搅动机油所造成的功率损失降至最低程度，从而提高了变速器的效率。

输入轴上换挡齿轮轴承通过中空的输入轴1（此图没显示）来润滑，轴上的横孔将机油送往轴颈。

图3-2-22 双离合器式自动变速器润滑

1—ATF泵（带有旋转引导部分和双离合器轴承）；
2—高压管K1离合器；
3—高压管K2离合器；
4—ATF油泵转子；
5—K1离合器组件；
6—K2离合器组件；
7—机油泵驱动；
8—ATF泵（外齿轮泵）；
9—进气滤清器；
10—抽吸泵；
11—带有ATF冷却器的发动机散热器；
12—ATF冷却器；
13,19—双离合器组件；
14—ATF滤清器；
15—连接模块；
16—通向输入轴1中的油道；
17—接油盘；
18—去往驱动桥的油道；
20—连接前去驱动桥；
21—通过中空的输出轴来为中间差速器供应润滑机油

（2）CVT（无级变速器）

20世纪70年代中后期，荷兰的VDT（Van Doorne's Transmission b.V）公司成功地研制了一种新型机械式无级变速传动系统——金属带式无级传动系统（VDT-CVT）。目前多用CVT作为无级变速器的简单称谓。

① CVT传动原理（图3-2-23）和CVT传动链条结构与原理（图3-2-24）

CVT变速器可允许变速比在最小变速比和最大变速比之间无级调节。发动机总是工作在最佳转速范围内，而不必考虑如何使动力性或燃油经济性最优化。

变速器由两个带锥面的盘组——主链轮装置（链轮装置1）和副链轮装置（链轮装置2），以及工作于两个锥形链轮组之间V形槽内的专用传动链组成。

链轮装置1由发动机通过辅助减速挡齿轮驱动，发动机扭矩通过传动链传递到链轮装置2并由此传给主减速器。每组链轮装置中的一个链轮可沿轴向移动，调整传动链的跨度尺寸和改变传动比。

每组链轮装置必须同时进行调整，保证传动链始终处于张紧状态和有足够的盘接触传动压力。

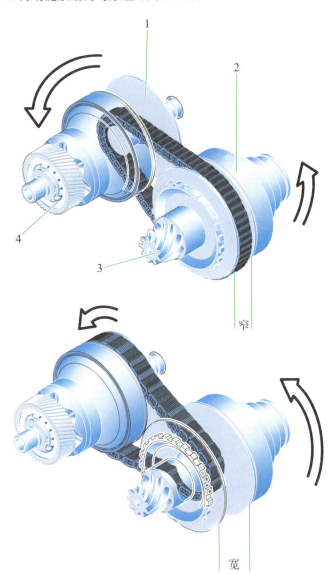

图3-2-23 CVT传动原理

1—主链轮装置（链轮装置1）；
2—副链轮装置（链轮装置2）；
3—辅助减速齿轮；
4—驱动齿轮（驱动主减速器）

结构和原理：

CVT传动链的相邻传动链链节通过转动压块连成一排。转动压块在变速器锥面链轮间"跳动"，即与锥面链轮互相挤压。每个转动压块永久性连接到一排连接轨上，通过这种方式，转动压块不可扭曲，两个转动压块组成一个转动节。

工作过程：

每个转动压块永久性连接到一排连接轨上，通过这种方式，转动压块不可扭曲，两个转动压块组成一个转动节。转动压块相互滚动，当其在锥面链轮跨度半径范围内"驱动"传动链时，几乎没有摩擦。这种情况下，尽管扭矩高、弯曲角度大，动力损失和磨损却降到最小，使其寿命延长并且提高了效率。

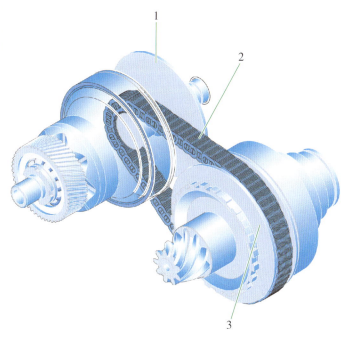

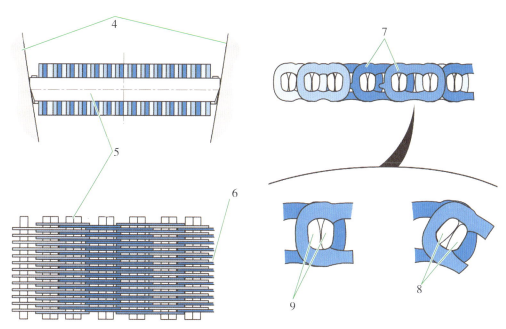

图3-2-24 CVT传动链条结构与原理

1—链轮装置1；
2—传动链；
3—链轮装置2；
4—变速器锥面链轮；
5,9—转动压块；
6—转动压块（俯视图）；
7—链节（俯视图）；
8—转动节（两个转动压块组成一个转动节）

② 奥迪01J CVT无级变速器剖视图（图3-2-25）

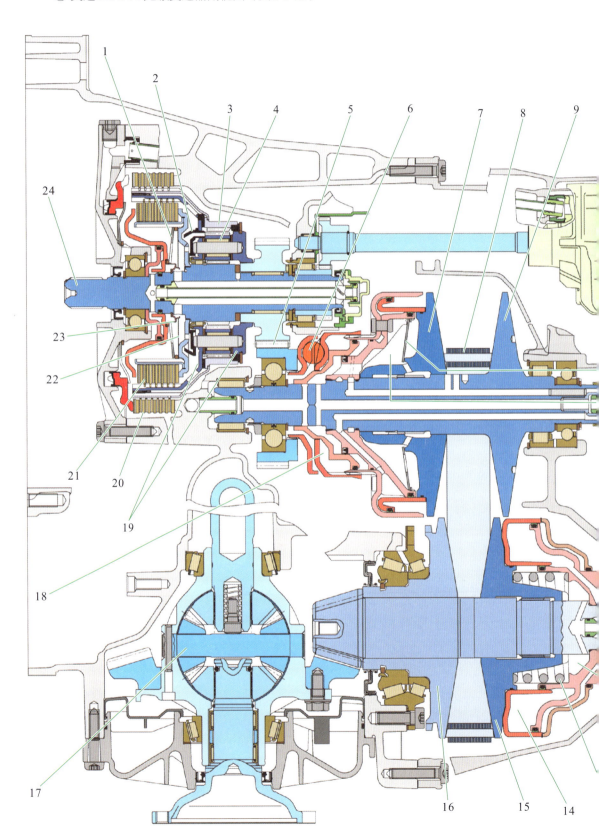

图中颜色定义：

- ▇ 壳体、螺钉、螺栓
- ▇ 液压部分/控制机构
- ▇ 变速箱电子控制部分
- ▇ 轴、齿轮
- ▇ 钢片离合器
- ▇ 活塞、扭转传感器
- ▇ 轴承、垫片、弹性挡圈
- ▇ 塑料件、密封件、橡胶件

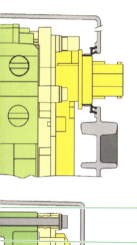

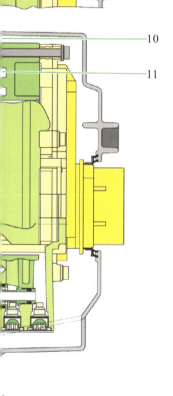

图3-2-25 奥迪01J CVT无级变速器剖视图

1—膜片弹簧；
2—分配盘；
3—齿圈；
4—行星齿轮；
5—输入链轮装置1（辅助减速齿轮挡）；
6—扭矩传感器（启动扭矩-减速）；
7—变速器锥面齿轮；
8—链条；
9—链轮装置1；
10—膜片弹簧；
11—压力缸；
12—变速器分离缸；
13—螺旋弹簧；
14—压力缸；
15—变速器锥面链轮；
16—链轮装置2；
17—减速差速器；
18—变速器分离缸；
19—行星齿轮支架；
20—倒挡离合器；
21—前进挡离合器；
22—润滑油分配器；
23—止推环；
24—变速器输入轴

③ 奥迪01J CVT无级变速器组件剖视图及动力传递　奥迪01J CVT无级变速器前进挡离合器/倒挡离合器及行星齿轮装置剖视图如图3-2-26所示；车辆前进时的动力传递路径如图3-2-27所示；车辆倒挡时的动力传递路径如图3-2-28所示。

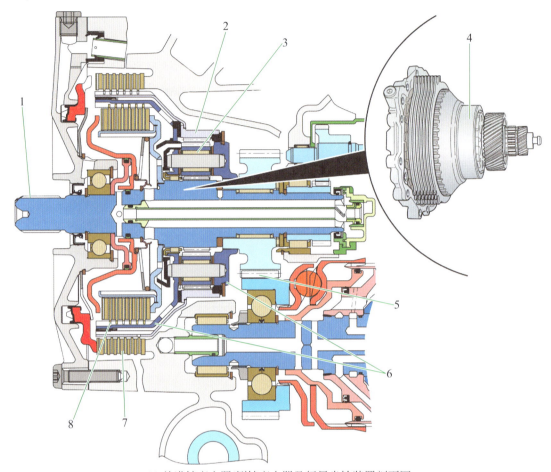

(a) 前进挡离合器/倒挡离合器及行星齿轮装置剖面图

扭矩通过与输入轴相连接的太阳轮传递到行星齿轮架并且驱动行星齿轮1。

行星齿轮1驱动行星齿轮2，行星齿轮2与齿圈啮合。

车辆尚未行驶时，作为辅助减速挡输入部分的行星齿轮架（行星齿轮系数出部分）是静止的。

齿圈以发动机转速一半的速率怠速运转，旋转方向与发动机相同。

箭头表示发动机运转，汽车静止时部件旋转方向。

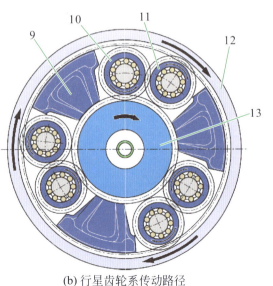

(b) 行星齿轮系传动路径

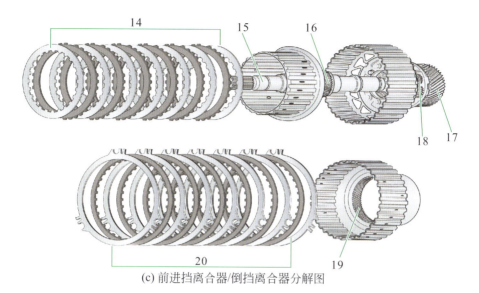

(c) 前进挡离合器/倒挡离合器分解图

图3-2-26 奥迪01J CVT无级变速器前进挡离合器/倒挡离合器及行星齿轮装置剖视图

1—变速器输入轴；
2—齿圈；
3—行星齿轮；
4—带行星齿轮系统的前进挡离合器/倒挡离合器；
5—输入链轮装置1（辅助减速齿轮挡）；
6—行星齿轮支架；
7—倒挡离合器；
8—前进挡离合器；
9—行星齿轮架；
10—行星齿轮1；
11—行星齿轮2；
12—齿圈；
13—带太阳轮的变速器输入轴；
14—前进挡离合器钢片和摩擦片；
15—变速器输入轴；
16—太阳轮；
17—输入齿轮装置（辅助变速齿轮挡）；
18—带行星齿轮的行星轮支架；
19—齿圈；
20—倒挡离合器钢片和摩擦片

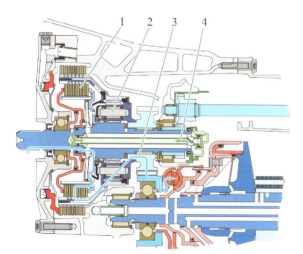

前进挡离合器钢片与太阳轮连接，摩擦片与行星齿轮架相连接。

当前进挡离合器动作（啮合）时，变速箱输入轴与行星齿轮架（输出）连接，行星齿轮系统被锁死，并与发动机转向相同，扭矩传动率为1∶1。

离合器油压
扭矩传递

图3-2-27 奥迪01J CVT无级变速器车辆前进时的动力传递路径

1—前进挡离合器；
2—行星齿轮系统；
3—扭矩传递；
4—离合器油压

倒挡离合器摩擦片与齿圈相连接，钢片与变速箱壳体相连接。当倒挡离合器动作（啮合）时，齿圈被固定；启动时，齿圈与壳体固定在一起不能转动。扭矩被传递到行星齿轮架，行星齿轮架开始以与发动机相反的方向运转，车辆向后行驶。

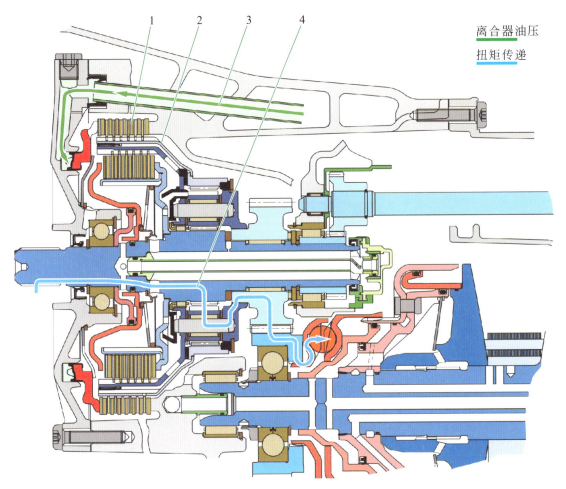

图3-2-28 奥迪01J CVT无级变速器车辆挂倒挡时的动力传递路径

1—倒挡离合器；
2—齿圈；
3—离合器油压；
4—扭矩传递

④ 奥迪01J CVT无级变速器离合器油压控制　自动变速器控制单元根据发动机转速、变速器输入转速、加速踏板位置、发动机扭矩、制动力和变速器油温等参数进行离合器控制。

变速箱控制单元通过这些参数计算出离合器额定压力，并且确定压力调节阀的控制电流，因此，离合器压力以及离合器传递的发动机扭矩也相应随控制电流变化而变化。

液压传感器检测液压控制部分中的离合器压力（实际离合器压力），实际离合器压力与变速箱控制单元计算的额定压力不断进行比较。实际压力与额定压力通过模糊理论被持续监控。若两者差值超过一定范围，便会进行修正。为防止过热，离合器被冷却，离合器温度由变速箱控制单元监控。奥迪01JCVT无级变速器离合器控制部件及油路图如图3-2-29所示。

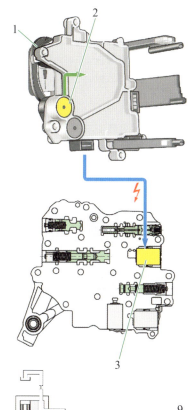

离合器压力与发动机扭矩成正比，与系统压力无关。

压力调整阀和输导压力阀（VSTV）提供一个约为5bar（1bar=10⁵Pa）的常压。根据变速箱控制单元计算的控电流值，压力调整阀产生一个控制压力，该压力控制离合器控制阀（KSV）的位置。控制电流大，则控制压力高。

离合器控制阀（KSV）控制离合器压力，同时也调整待传递的发动机扭矩。

离合器控制阀（KSV）的压力由系统压力提供，KSV产生高离合器压力。离合器压力通过安全阀（SIV）传到手动换挡阀（HS），手动换挡阀将扭矩传到前进挡离合器（位置D）或传递到倒挡离合器（位置R）。换挡杆位置位于N位和P位时，手动换挡阀切断供油，两组离合器都与油底壳相通。

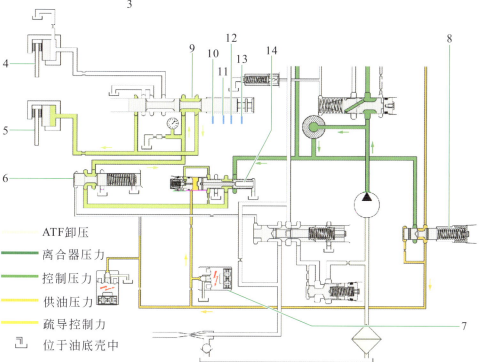

图3-2-29　奥迪01J CVT无级变速器离合器油压控制

1—变速器控制单元；
2—液压传感器；
3—压力调节阀；
4—RK倒挡离合器；
5—VK前进挡离合器；
6—SIV安全阀；
7—压力调整阀；
8—疏导压力阀；
9—HS手动换挡阀；
10—换挡杆位置P；
11—换挡杆位置R；
12—换挡杆位置N；
13—换挡杆位置D；
14—离合器控制阀

⑤ 奥迪01J CVT无级变速器油泵及电子液压控制（阀体） 奥迪01J CVT无级变速器油泵如图3-2-30所示；电子液压控制如图3-2-31所示。

油泵直接安装在液压控制单元上，以免不必要的连接。油泵和控制单元形成一个整体，为高效率的月牙形泵。该泵所需的润滑油量相对少，但可产生需要的压力。

吸气式喷射泵（吸气泵）还要额外供给离合器冷却所需的低压油，月牙形叶片泵，作为一个小部件集成在液压控制单元上，并直接由输入轴通过直齿轮和泵轮驱动。

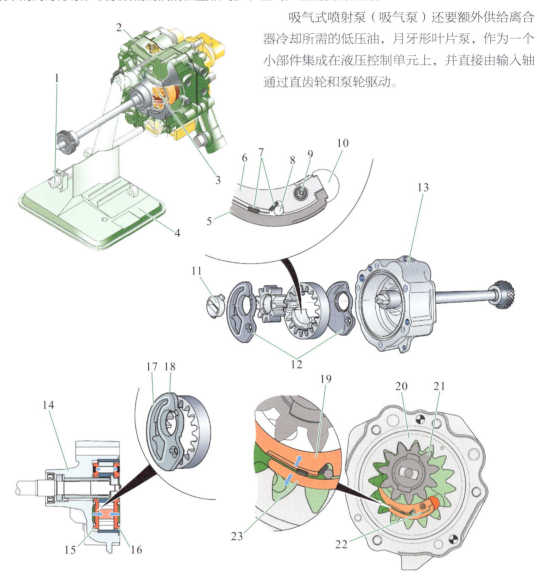

图3-2-30 奥迪01J CVT无级变速器油泵

1—安装在吸气喷射泵上的压力管；
2—液压控制单元；
3—油泵；
4—进油滤清器；
5,23—外扇形块；
6,19—内扇形块；
7—扇形弹簧；
8—密封滚柱；
9—弹簧杆；
10—锁止销；
11—驱动元件；
12,15,16,18—轴向垫片；
13,14—油泵壳体；
17—密封；
20—齿圈；
21—齿轮；
22—月牙形密封

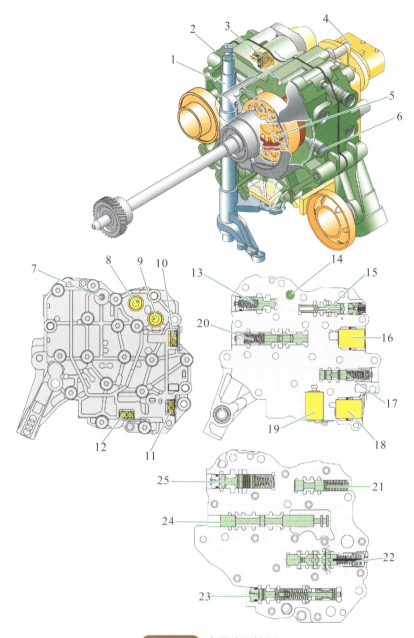

图3-2-31 电子液压控制

1—换挡轴；
2—液压控制单元；
3—直接插接插头；
4—变速箱控制单元；
5—油泵；
6—手动换挡阀；
7—DVB1限压阀；
8—连接G193；
9—连接G194；
10—压力调节阀1插头；
11—压力调节阀2插头；
12,19—离合器冷却液阀和安全阀的控制电磁阀；
13—MDV最小压力阀；
14—DVB1限压阀；
15—KSV离合器控制阀；
16—压力调节阀1；
17—VSTV输导压力值；
18—压力调节阀2；
20—KKV离合器冷却阀；
21—SIV安全阀；
22—减压阀；
23—施压阀；
24—HS手动换挡阀；
25—VSBV容积改变率限制阀

⑥ 奥迪01J CVT无级变速器油路图　挡位位于P挡，发动机关闭时的油路图如图3-2-32所示。

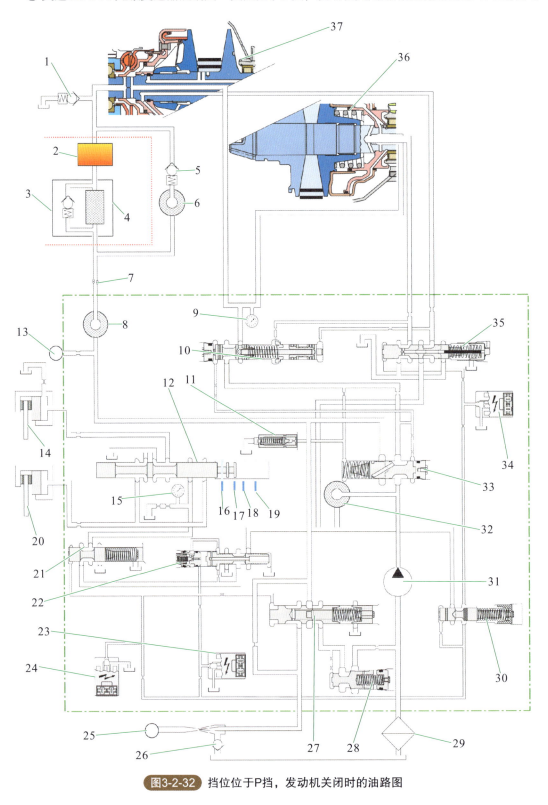

图3-2-32　挡位位于P挡，发动机关闭时的油路图

1—限压阀2；
2—ATF冷却器；
3—差压阀2；
4—ATF滤清器；
5—差压阀1；
6—ATF过滤器1；
7—链轮润滑冷却喷孔4；
8—ATF过滤器2；
9—MP1接触压力测试点（由油压传感器2监测）；
10—VSPV施压阀；
11—限压阀1；
12—HS手动换挡阀；
13—飞溅润滑油罩盖；
14—RK倒挡离合器；
15—MP2离合器压力测试点（由油压传感器1监测）；
16～19—换挡杆位置；
20—前进挡离合器；
21—SIV安全阀；
22—KSV离合器控制阀；
23—自动变速箱控制阀1（离合器）；
24—电磁阀（离合器冷却/安全切断阀）；
25—到离合器；
26—SSP吸气喷射泵（吸气泵）；
27—KKV离合器冷却阀；
28—MDV最小压力阀；
29—SF ATF进油过滤器；
30—VSTV输导压力值；
31—P 油泵；
32—ATF过滤器3；
33—VSBV体积改变率限制阀；
34—自动变速箱控制阀2（变速比）；
35—减压阀；
36—带轮装置2；
37—带轮装置1

⑦ 奥迪01J CVT无级变速器ATF冷却系统（图3-2-33）

来自链轮装置1（图上未显示）的ATF油最初经流ATF冷却器。ATF在流回液压控制单元前流经ATF滤清器。

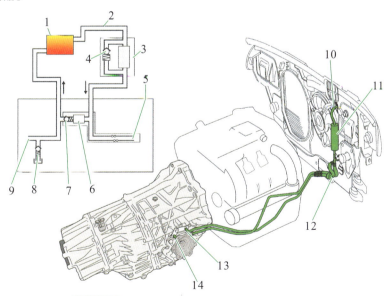

图3-2-33 奥迪01J CVT无级变速器ATF冷却系统

1—ATF冷却器；
2—车辆外部部件；
3—ATF过滤器2；
4—差压阀2；
5—到液压控制单元；
6—ATF过滤器1；
7—差压阀1；
8—限压阀；
9—来自链轮的装置；
10,14—回油管；
11—ATF过滤器；
12,13—供油管

⑧ 奥迪01J CVT无级变速器电子控制单元与传感器（图3-2-34）

多功能开关由4个霍尔传感器组成，霍尔传感器由换挡轴上的电磁通道控制。来自霍尔传感器的信号阐述与手动式开关位置相同。

若某个传感器损坏，变速箱控制单元从其他传感器处 获取替代值，除此之外也可从网络控制单元中获得信息，汽车仍可保持行驶。

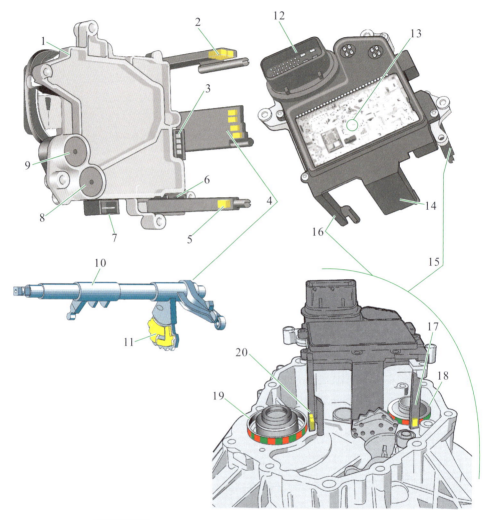

图3-2-34 奥迪01J CVT无级变速器电子控制单元与传感器

1—变速器控制单元；
2,16,20—变速器输出转速传感器1和2；
3—控制阀1接线插头；
4,14—多功能开关（四个霍尔传感器）；
5,15,17—变速器输入转速传感器；
6—控制阀2接线插头；
7—离合器冷却、安全切断电磁阀接线插头；
8—自动变速器接触压力传感器；
9—自动变速器离合器压力传感器；
10—换挡轴；
11—电磁阀；
12—25针插头；
13—变速器油温传感器；
18—变速器输入转速传感器信号轮；
19—变速器输出转速传感器1和2信号轮

（3）行星齿轮式自动变速器

行星齿轮式自动变速器是由行星齿轮机构和换挡执行元件（离合器、制动器及单向离合器等）组成的。与其它种类的自动变速器区别在于换挡执行机构是行星齿轮。如图3-2-35所示。

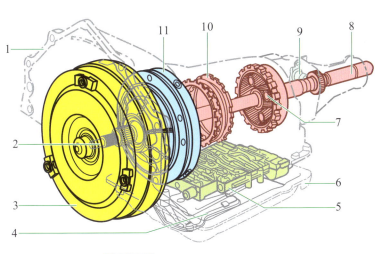

图3-2-35 行星齿轮式自动变速器

1—壳体；
2—输入轴；
3—液力变矩器；
4—ATF滤清器；
5—电子液压控制系统；
6—油底壳；
7—行星齿轮组；
8—输出轴；
9—速度传感器；
10—离合器；
11—ATF油泵

① 液力变矩器　液力变矩器的作用是将发动机的动力传递到变速机构。液力变矩器里面充满了油液，当与发动机曲轴相连的泵轮转动时，油液被带动并甩在与变速器输入轴相连的涡轮上。涡轮在油液的作用下转动，从而将发动机的动力传递到变速器内部，如图3-2-26所示。

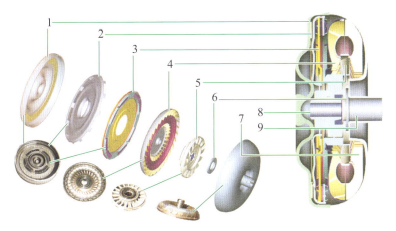

图3-2-36 液力变矩器

1—前盖；
2—锁止离合器；
3—减振器；
4—涡轮；
5—导轮；
6—推力轴承；
7—泵轮；
8—输出轴；
9—导轮轴

② 后/全驱式行星齿轮自动变速器　此类变速器较长，一般前置后驱或四轮驱动车辆采用，发动机与变速器纵向布置。此类变速器一般集成中间差速器和前桥主传动，或与分动器配合完成四轮驱动。奥迪09L自动变速器剖视图如图3-2-37所示；奥迪0AT自动变速器剖视图如图3-2-38所示；奥迪09L/0AT自动变速器阀体板如图3-2-39所示。两者均为6速自动变速器都和发动机依次纵向布置安装在四轮驱动的奥迪车上。不同点在于09L自动变速器自带前桥减速差速器，变速器内部通过传动轴将动力分配到前驱动桥和后驱动桥；0AT自动变速器没有集成中间自锁式差速器和前桥减速差速器，必须配合外部分动器实现四轮驱动。

1—输出法兰（通往后驱动桥）；
2—自锁式中间差速器；
3—初级传动斜齿齿轮；
4—次级行星齿轮组齿圈；
5—次级行星齿轮组太阳轮；
6—次级行星齿轮组行星齿轮；
7—初级行星齿轮组太阳轮；
8—初级行星齿轮组行星齿轮；
9—初级行星齿轮组齿圈；
10—变速器输入轴；
11—ATF泵；
12—液力变矩器；
13—前桥差速器行星齿轮；
14—输出法兰（至前驱动桥）；
15—前桥驱动器半轴齿轮；
16—主减速器齿轮；
17—传动轴斜齿齿轮；
18—自动变速器电液控制组件；
19—传动轴；
20—传动轴前桥直齿小齿轮安装花键；
21—前桥直齿小齿轮（带有斜面体齿）

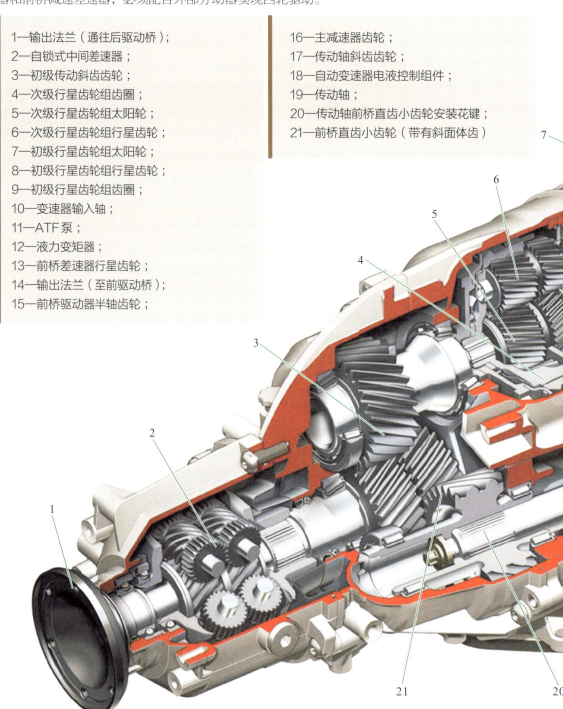

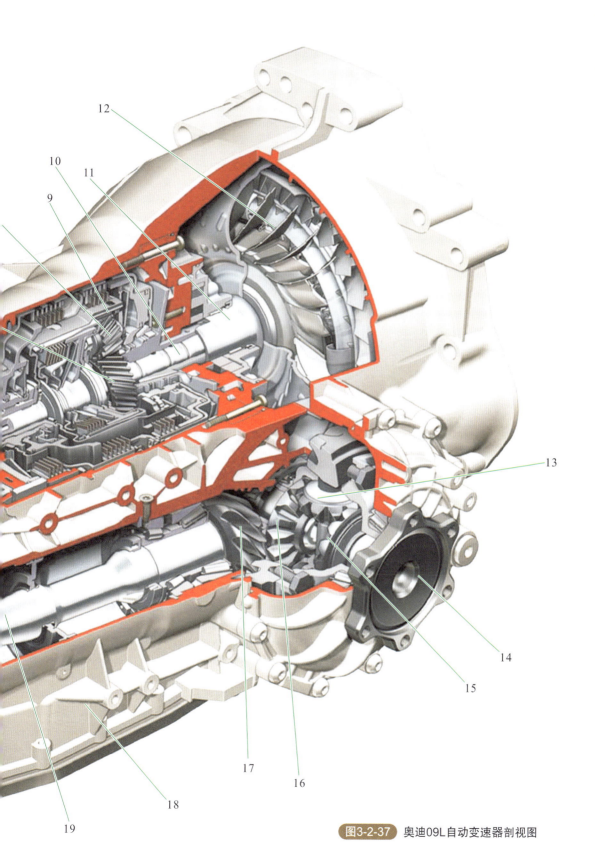

图3-2-37 奥迪09L自动变速器剖视图

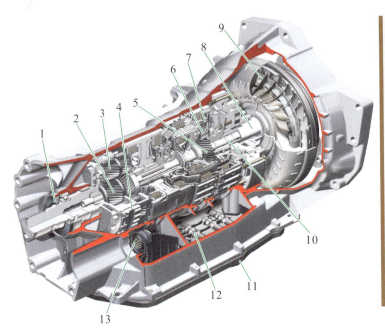

图3-2-38 奥迪0AT自动变速器剖视图

1—输出法兰（至后驱动桥或分动器）；
2—次级行星齿轮组太阳轮；
3—次级行星齿轮组行星齿轮；
4—次级行星齿轮组齿圈；
5—初级行星齿轮组太阳轮；
6—初级行星齿轮组行星齿轮；
7—初级行星齿轮组齿圈；
8—ATF泵；
9—液力变矩器；
10—变速器输入轴；
11—油底壳；
12—自动变速器电液控制单元（阀体板、电磁阀等）；
13—变速器控制系统接线插口

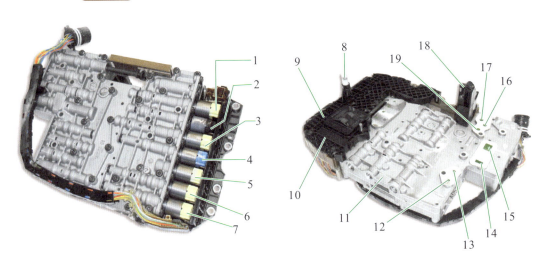

图3-2-39 奥迪09L/0AT自动变速器阀体板

1—压力调节阀6；
2—电磁阀1；
3—压力调节阀4；
4—压力调节阀5；
5—压力调节阀3；
6—压力调节阀2；
7—压力调节阀1；
8—变速器输出轴转速传感器；
9—自动变速器控制单元；
10—电子模块；
11—液压模块；
12—离合器A；
13—离合器E；
14—吸油管道（从系统压力阀到ATF泵）；
15—来自ATF泵的压力管道（系统压力）；
16—液力耦合器关；
17—去往ATF冷却器；
18—变速器输入轴转速传感器；
19—液力耦合器开

③ 后/全驱式行星齿轮自动变速器的冷却、润滑（图3-2-40和图3-2-41）

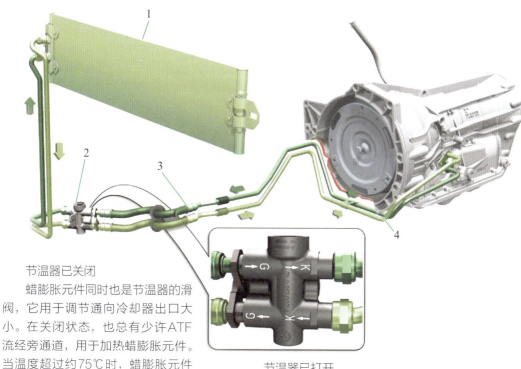

节温器已关闭

蜡膨胀元件同时也是节温器的滑阀，它用于调节通向冷却器出口大小。在关闭状态，也总有少许ATF流经旁通道，用于加热蜡膨胀元件。当温度超过约75℃时，蜡膨胀元件的推杆就逆着弹簧力向下压，于是通向冷却器的开口则打开。

节温器已打开

当温度超过约90℃时，节温器则完全打开。

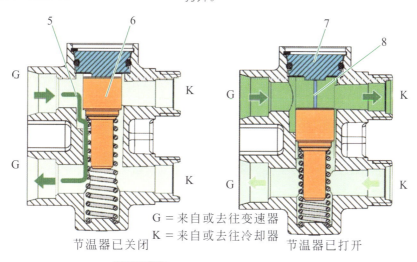

G＝来自或去往变速器
K＝来自或去往冷却器

图3-2-40　奥迪0AT自动变速器ATF冷却

1—ATF冷却器；
2—机油温度调节器（节温器）；
3—ATF冷却器供液管；
4—ATF冷却器回液管；
5—旁通道；
6—蜡膨胀元件；
7—堵塞；
8—推杆

一个ATF机油腔，ATF用于行星齿轮机构、液压控制系统和变扭器

一个前部主传动机油腔(其机油不含STURACO)

一个分动器机油腔(其机油含STURACO)

STURACO是一种机油添加剂，用于降低中间差速器上过大的压紧力，有助于改善行车舒适性。这种添加剂不适合前部主传动。

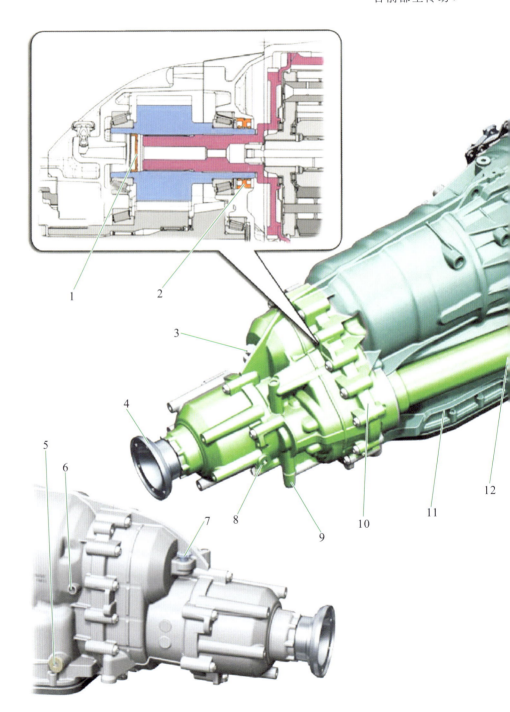

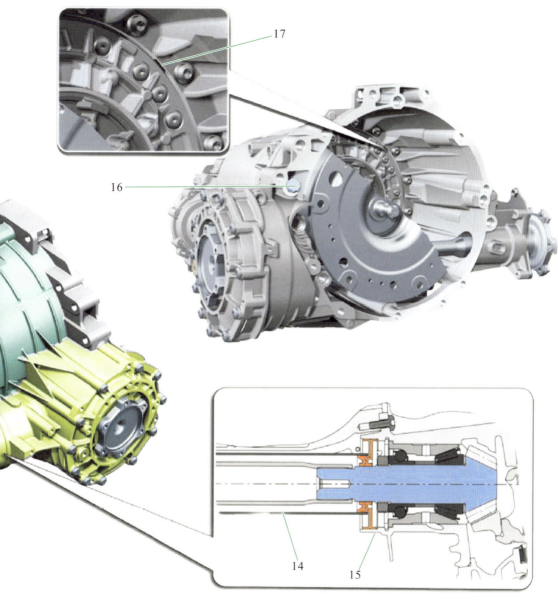

图3-2-41 奥迪0B6自动变速器机油存储与冷却

1—螺旋堵塞；
2—双向周用密封圈；
3,7—分动器排气孔；
4—输出法兰；
5—侧面的ATF加注螺栓；
6—溢油孔；
8—分动器机油加注和检查螺栓；
9—变速器机油排放螺栓（分动器）；
10—分动器机油泵；
11—ATF油底壳；
12,14—半轴壳体；
13—溢油孔；
15—双向轴密封圈；
16—前部主传动排气孔；
17—ATF排气孔（经变速器壳体上的通道通至变矩器壳体内）

④ 前驱式行星齿轮自动变速器（图3-2-42） 变速器较短，一般前置前驱车辆采用，有利于发动机和变速器横向布置。

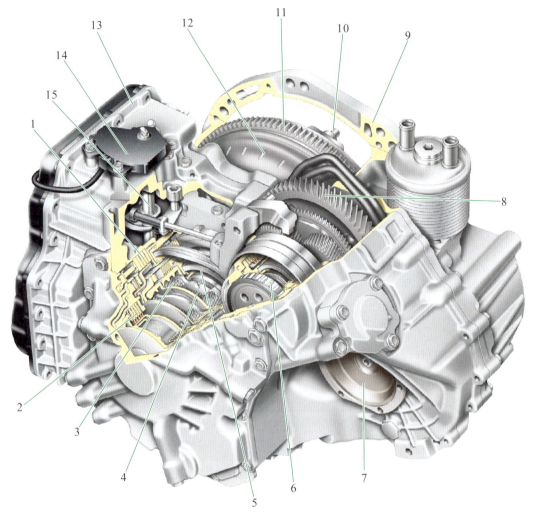

图3-2-42 前驱式行星齿轮自动变速器

1—多片离合器；
2—多片制动器；
3—行星齿轮；
4—太阳轮；
5—齿圈；
6—滚柱轴承；
7—输出法兰（到前驱驱动桥）；
8—减速器斜齿齿轮；
9—液力变矩器壳；
10—变速器输入轴；
11—驱动齿圈；
12—液力变矩器；
13—自动变速器换挡执行机构 安装位置（阀板、电磁阀等）；
14—挡位开关（连接换挡手柄 和变速器内部选挡机构）；
15—选挡换挡轴

3.2.5 半轴/传动轴、差速器

半轴是差速器与驱动轮之间传递动力的实心轴，其内端用花键与差速器半轴齿轮相连，外端用凸缘与驱动轮的轮毂相连。减速差速器的功用是将输入的转矩增大并相应地降低转速，并通过差速器传递给两个驱动车轮，保证两个驱动车轮能以不同角速度旋转。

（1）前驱两轮驱动车型半轴、减速差速器（图3-2-43）

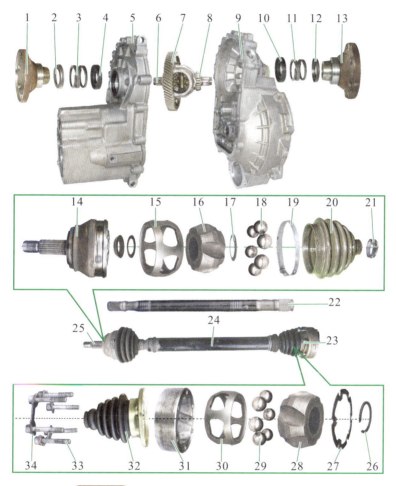

图3-2-43 前驱两轮驱动车型半轴、减速差速器

1,6,13—驱动法兰；
2,12—锥形环；
3,11—压力弹簧；
4,10—油封；
5—变速器壳体；
7—主传动齿轮；
8—圆锥滚子轴承；
9—离合器壳体；
14—外环；
15,30—保持架；
16,28—内环；
17,26—安全环；
18,29—钢球；
19,21—卡箍；
20—防尘罩；
22,24—中半轴；
23—内等速万向节；
25—外等速万向节；
27—密封垫；
31—外球环；
32—外环罩及防尘垫；
33—圆头内梅花螺栓；
34—锁片

（2）大众/奥迪运动型差速器（大众/奥迪行驶模式选择系统）

运动型差速器是大众/奥迪四驱汽车及SUV动态行驶系统——奥迪行驶模式选择系统（Audi drive select）的一个选装组件。驾驶员可以在Audi drive select的操作面板上通过三个工作模式舒适（comfort）、自动（auto）和运动（dynamic）来在三种不同特色的风格中进行选择。

在舒适（comfort）模式时，运动型差速器的功能被限制在最小水平（尽量不用的）。这时最重要的是要消除负荷变化，以便让车辆达到一个比较均衡的性能。

在自动（auto）模式时，运动型差速器以最佳方式来支持车辆的行驶动态性能，车辆转弯极其灵活。

在运动（dynamic）模式时，最易感受到运动型差速器的作用，这时的行驶动力学性能是完全按照运动性行驶需要来设定的。

运动型差速器在车辆行驶过程中总是处于激活状态，无法将其完全关闭。其工作范围扩展为车速15～150km/h。在车辆起步而后轮打滑时，运动型差速器是不能起到差速锁作用的。大众/奥迪运动型差速器及动态行驶系统——奥迪行驶模式选择系统（Audi drive select）示意图如图3-2-44所示；后部主传动系统图如图3-2-45所示；后部主传动0BE/0BF剖面图如图3-2-46所示；多片离合器及液压泵电机分解图如图3-2-47所示。运动型差速器工作原理如图3-2-48所示。

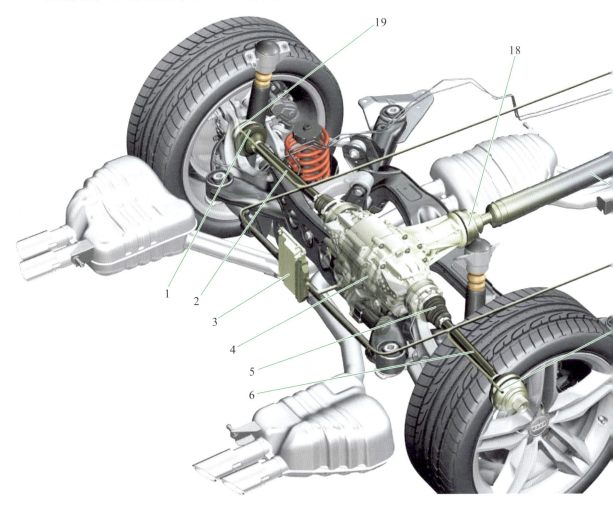

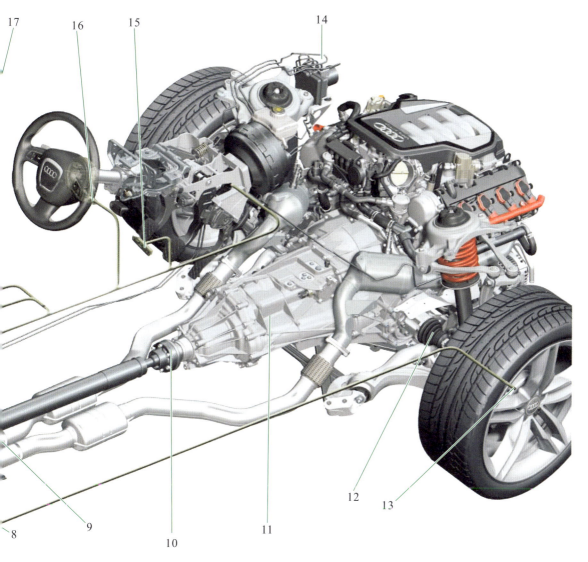

图3-2-44 大众/奥迪运动型差速器及动态行驶系统——奥迪行驶模式选择系统（Audi drive select）示意图

1—左后轮半轴防尘罩（车轮侧）；
2—左后轮驱动半轴；
3—全轮驱动控制单元；
4—后部主传动0BF/0BE（运动型差速器）；
5—右后轮半轴防尘套（主传动端）；
6—右后轮驱动半轴；
7—车轮转速传感器（右后）；
8—传动轴；
9—传动轴中间支撑；
10—输出法兰（到传动轴）；
11—带自锁式中间差速器的变速器；
12—右前轮驱动半轴；
13—车轮转速传感器（右前轮）；
14—电子稳定程序ESP/ABS控制单元；
15—操纵面板（奥迪行驶模式选择系统开关模块）；
16—转向角传感器；
17—ESP传感器单元1和2；
18—驱动法兰（万向节法兰）；
19—车轮转速传感器（左后）

运动型差速器由一个常规的主传动器以及两个新开发、自动控制式叠加单元（左、右各一）构成。每个叠加单元由叠加机构和一个多片式离合器组成。

借助于集成的多片式离合器的帮助，叠加机构可以将驱动力在后桥车轮之间以任意变化比分配。

多片式离合器由液压单元来操纵。液压单元所需要的液压压力由机油泵提供，该机油泵由一个单独的电动机驱动。所有功能都由一个单独的控制单元来控制并监控。

运动型差速器0BE和0BF在结构及功能上是相同的。0BE左、右叠加单元以及电动液压控制系统也是直接取自运动型差速器0BF（属通用件）。0BE主要配合大转矩发动机和变速器使用。为了能适应发动机大扭矩的要求，传动系统、从动齿轮、主动齿轮、差动齿轮、轴承和所有壳体部件都相应加大了尺寸。因此，运动型差速器0BE比运动型差速器0BF宽了约45mm，重了约11.5kg。

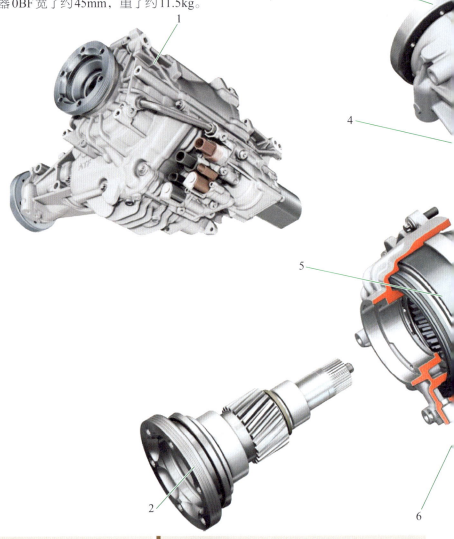

1—后部主传动，型号0BF；
2—输出法兰（左后轮）；
3—输入法兰（来自传动轴）；
4—差速器半轴行星齿轮（左后轮）；
5,10—多片离合器；
6—左侧叠加单元；

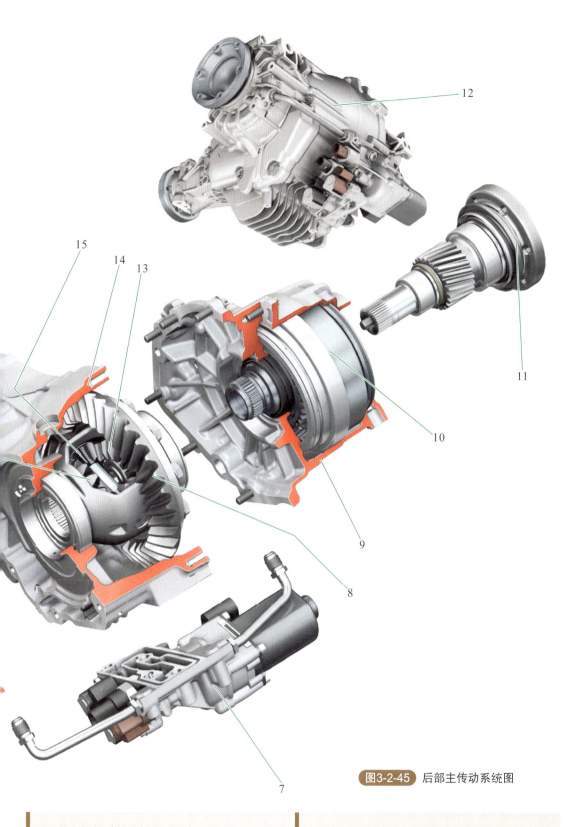

图3-2-45 后部主传动系统图

7—执行机构（液压控制单元）；
8—减速器圆锥齿轮；
9—右侧叠加单元；
11—输出法兰（右后轮）；
12—后部主传动，型号0BE；
13—差速器半轴行星齿轮（右后轮）；
14—主传动（圆锥齿轮传动和差速器）；
15—传动轴行星齿轮

后部主传动0BF/0BE必须与全轮驱动控制单元进行匹配和自适应。如果不进行这个自适应过程，运动型差速器是无法发挥作用的。主传动与该控制单元彼此是成对来使用的。每个主传动器都有一个识别身份，多片式离合器的分级号刻印在壳体上。

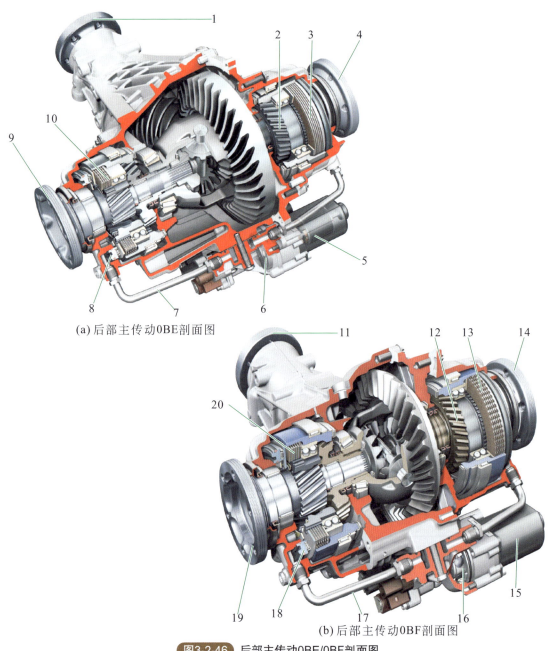

(a) 后部主传动0BE剖面图

(b) 后部主传动0BF剖面图

图3-2-46 后部主传动0BE/0BF剖面图

1,11—万向节法兰轴（连接传动轴）；	6,16—液压泵；
2,12—叠加机构；	7,17—液压管路；
3,13—多片离合器；	8,18—离合器活塞；
4,14—右侧半轴法兰；	9,19—左侧半轴法兰；
5,15—液压泵电机；	10,20—多片离合器

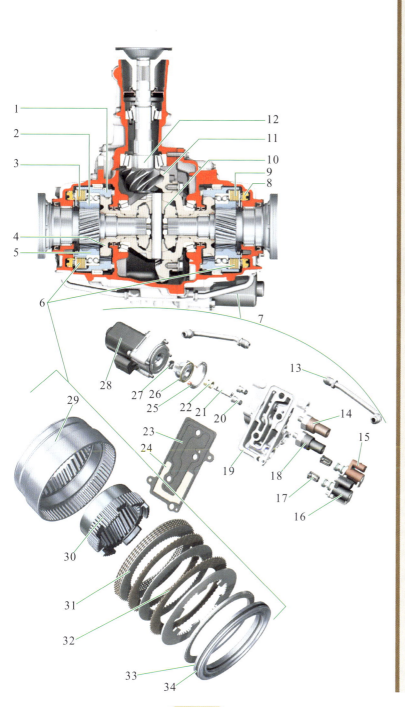

图3-2-47 多片离合器及液压泵电机分解图

1—齿圈传动1；
2—齿圈传动2；
3,6—左侧多片离合器（分解图）；
4—太阳轮1；
5—太阳轮2；
7—液压泵电机（分解图）；
8—离合器活塞；
9—右侧多片离合器；
10—差速器；
11—从动锥齿轮；
12—主动齿轮；
13—接离合器的管子；
14—机油压力和温度传感器1；
15—全轮驱动耦合阀2；
16—全轮驱动耦合阀1；
17—单向阀；
18—机油压力和温度传感器2；
19—执行元件壳体；
20—换向阀；
21—旋转导套/泵轴承；
22—轴瓦；
23—密封垫；
24—滤网；
25—轴承；
26—液压泵；
27—同步件；
28—全轮驱动泵（电机）；
29—齿圈1/片组外架；
30—齿圈2/片组外架；
31—离合器钢片；
32—离合器衬片；
33—离合器活塞；
34—离合器分离轴承

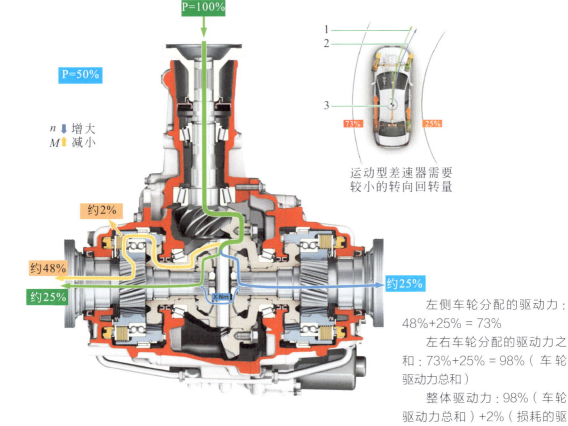

图3-2-48 运动型差速器工作原理

1—弯道半径；
2—转弯半径；
3—发挥作用的横摆力矩

运动型差速器可以根据行驶状况，借助于离合器通过叠加机构来细微地改变驱动力矩的传递情况。

下面以右转弯为例介绍运动型差速器的工作原理。

右转弯时运动型差速器可以将更多的驱动力转移到左侧车轮上。通过对左侧离合器进行一定的操控，可以将全部输入功率（100%）中的50%传至左侧半轴上。离合器这时是以打滑的方式在工作的，离合器打滑产生的热量造成约2%的功率损失。因此刚才所说的那50%的功率中实际只有48%传至半轴。另外50%的功率就经差速器分配到左侧（25%）和右侧（25%）。

于是弯道外侧半轴分得73%的驱动功率，而弯道内侧半轴分得25%的驱动功率。这样就产生了48%的功率差，有助于弯道外侧车轮的工作。牵引能力这时就不再取决于弯道内侧车轮，因为驱动功率的很大部分已经被转移到弯道外侧车轮上。

驱动功率的这种分配方式，会在车上形成一个横摆力矩，该力矩使车摆向弯道内侧。那么所需要的转向回转量就小（与没有这种功率挪移时的转弯相比）。这样就避免出现转向不足，最大牵引力之处（就是弯道外侧）就总是有功率可供使用。车辆的行驶动性能极限得到扩展，ESP的干预明显延迟。

3.3 行驶系统

3.3.1 简介

汽车行驶系统的功用是支持全车并保证车辆正常行驶，其基本功能如下。

① 接收由发动机经传动系统传来的转矩，并通过驱动轮与路面间的附着作用，产生路面对驱动轮的驱动力，以保证汽车正常行驶。

② 支持全车，传递并承受路面作用于车轮上各向反力及其所形成的力矩。

③ 尽可能缓和不平路面对车身造成的冲击，并衰减其振动，保证汽车行驶平顺性。

④ 与转向系统协调配合工作，实现汽车行驶方向的正确控制，以保证汽车操纵稳定性。

汽车行驶系统一般由悬架、车轮车胎和车架组成，如图3-3-1所示。

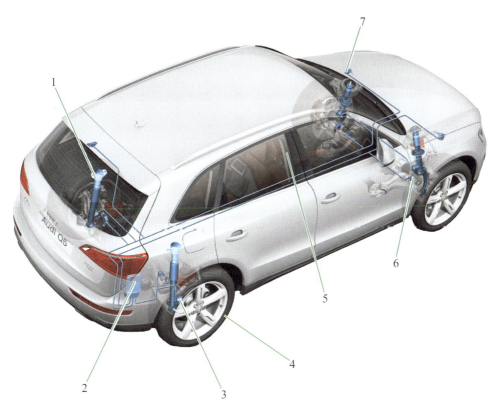

图3-3-1 行驶系统组成图（奥迪Q5装配电子悬架的车型）

1—减振器；
2—电子调节减振控制器；
3—前桥和后桥上的减振器调节阀；
4—车轮与车胎；
5—车架；
6—前桥和后桥上的汽车高度传感器；
7—前桥和后桥上的车身加速传感器

3.3.2 悬架

悬架是车架（或承载式车身）与车桥（或车轮）之间的一切传力连接装置的总称。它的功用是把路面作用于车轮上的垂直反力（支撑力）、纵向反力（驱动力和制动力）和侧向反力以及这些反力所造成的力矩都传递到车架（或承载式车身）上，以保证汽车的正常行驶。

现代的汽车悬架尽管有各种不同的结构形式，但是一般都由弹性元件、减振器和导向机构三部分组成。

（1）扭杆梁式悬架

扭杆梁式悬架（图3-3-2）是汽车后悬架类型的一种，是通过一个扭杆梁来平衡左右车轮的上下跳动，以减小车辆的摇晃，保持车辆的平稳，尽管有些厂商宣称自己的车装备的是扭杆梁式半独立悬架，但是扭杆梁式悬架还是非独立悬架的一种。

图3-3-2 扭杆梁式悬架

1—双管减振器；
2—螺旋弹簧；
3—支承座；
4—扭杆梁式悬架；
5—支撑；
6—车轮支撑

（2）麦弗逊式独立悬架

麦弗逊式独立悬架是目前最常见的独立悬架，由滑动立柱和横摆臂组成。如图3-3-3所示为带有下置三角横摆臂和独立减振支柱的麦弗逊式独立悬架。

图3-3-3　带有下置三角横摆臂和独立减振支柱的麦弗逊式独立悬架

1—减振螺旋弹簧（具有线性特征的钢制弹簧）；
2—减振器（双管减振器）；
3—球头销（用于连接横摆臂和转向球头销）；
4,8—下置三角横摆臂；
5—半轴；
6—副车架；
7—横向稳定杆；
9—车轮轴承、轮毂；
10—转向节

（3）多连杆式独立悬架

多连杆式独立悬架是指由多根连杆（一般四到五根）组合在一起来控制车轮位置变化的悬架。由于悬架具备多根连杆，并且连杆可多车轮进行多方面的控制，所以在做车轮定位时可对车轮进行单独调整。如图3-3-4所示为四连杆式独立悬架前桥，如图3-3-5所示为五连杆式独立悬架前桥。

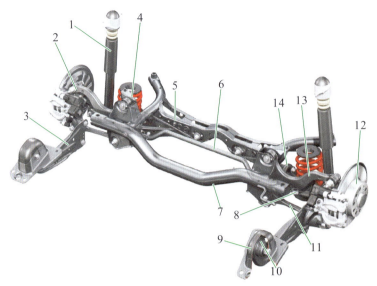

图3-3-4 四连杆式独立悬架式前桥

1—减振器；
2—车轮支架；
3—纵摆臂；
4—螺旋弹簧；
5—副车架；
6—横向稳定杆；
7—支撑；
8—悬架臂；
9—轴承座；
10—支撑；
11—前束控制器；
12—车轮轴承/轮毂；
13—上部横摆臂；
14—连接杆

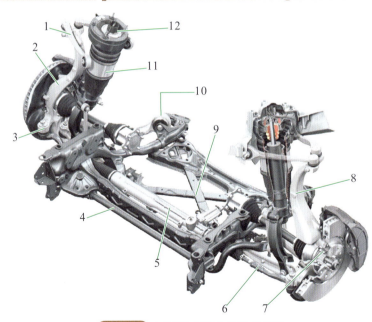

图3-3-5 五连杆式独立悬架式前桥

1—支撑杆；
2—转向节；
3—集成在转向节上的支撑杆球节；
4—横向稳定杆；
5—方向机；
6—转向拉杆；
7—车轮轴承；
8—转向节；
9—副车架；
10—液压导向轴承；
11—减振器；
12—支座（集成在车身上）

（4）摆臂式独立悬架

五横摆臂式独立悬架前桥如图3-3-6所示；五摆臂式独立悬架后桥如图3-3-7所示。梯形摆臂式后桥如图3-3-8所示。

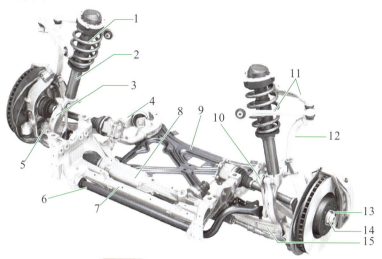

图3-3-6　五横摆臂式独立悬架前桥

1—螺旋弹簧；
2—双管减振器；
3—减振支柱；
4—导向臂；
5—万向节；
6—横向稳定杆；
7—副车架；
8—转向机；
9—十字斜撑；
10—连杆；
11—上层摆臂；
12—摆动轴承；
13—车轮轴承；
14—轮毂；
15—支撑臂

图3-3-7　五摆臂式独立悬架后桥

1,12—带有附加弹簧的双管减振器；
2—螺旋弹簧；
3—后部上横摆臂；
4—后部下横摆臂；
5—连杆；
6—横向稳定杆；
7—后部主传动；
8—悬架臂；
9—车轮轴承；
10—车轮支架；
11—前部上横摆臂；
13—副车架

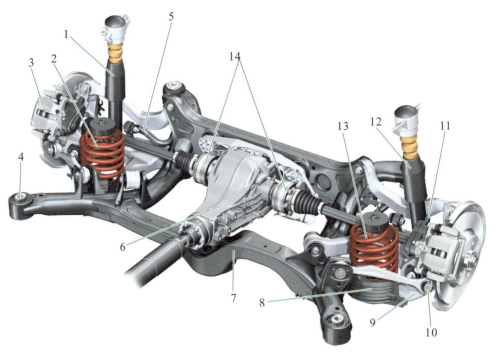

图3-3-8 梯形摆臂式后桥

1,12—减振器；
2,13—螺旋弹簧；
3—制动钳；
4—动力总成支架轴承；
5—稳定杆；
6—后部主传动；
7—动力总成支架；
8—防石击保护罩；
9—后车轮支架（梯形节臂轴承）；
10—前束杆；
11—车轮支架
14—左右半轴驱动法兰

（5）自适应空气悬架

根据路况的不同以及车身高度传感器的信号，车身控制单元/底盘控制单元会判断出车身高度变化，再控制空气压缩机和排气阀门，使空气弹簧自动压缩或伸长，从而降低或升高底盘离地间隙，以增加高速车身稳定性或复杂路况的通过性。

空气悬架主要由控制单元、空气供给单元、压缩机和电动机、电磁阀体、前后空气弹簧、车身高度传感器、空气管路、蓄压器等组成。

控制单元内部集成有记录车辆高度方向（z）上的加速度值、记录车辆纵轴（x方向，摇晃运动）和车辆横轴（y方向，俯仰运动）偏转率的传感器集。

空气供给单元由压缩机和电动机组成，为系统提供压缩空气。

电磁阀体由多个电磁阀构成，它们连接空气供给单元与空气弹簧和蓄压器。

空气弹簧气囊下部用夹紧卡箍固定在减振管上，上部固定在减振器支座上。由此形成的封闭空间构成气囊。当弹簧伸缩时，空气弹簧气囊在旋转塞上"滚动"。旋转塞的几何结构确定了弹簧特性。通过空气接口上的特制阀门（剩余压力保持阀）将气囊内的空气压力限制在3bar（1bar=10^5Pa）左右。

奥迪Q7、A8自适应空气悬架系统图如图3-3-9所示。空气供给装置、电磁阀和空气悬架剖面图如图3-3-10所示。

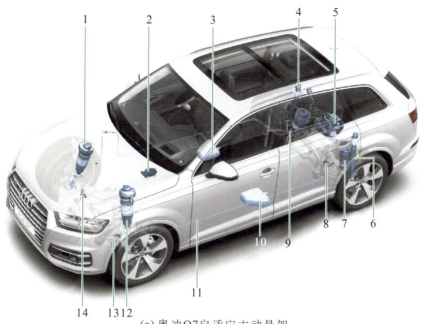

(a) 奥迪Q7自适应主动悬架

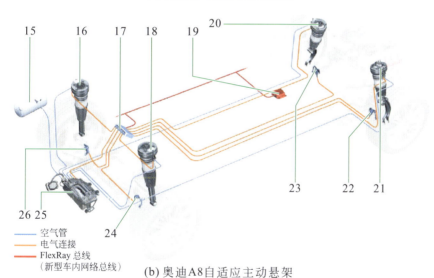

(b) 奥迪A8自适应主动悬架

图3-3-9 典型的自适应主动悬架系统图

1,21—右前空气弹簧支柱和减振器，右前减振调节阀；
2—底盘控制单元（包含空气悬架控制系统）；
3,10,15—蓄压器；
4,18—右后减振调节阀；
5,25—空气供给装置以及压缩机和电磁阀体；
6,16—左后减振调节阀；
7—空气弹簧；
8—左后车身高度传感器；
9—右后车身高度传感器；
11—空气管路；
12,20—左前空气弹簧支柱和减振器；
13—左前车身高度传感器；
14—右前车身高度传感器；
17—水平调节控制单元；
19—传感器电子装置控制单元；
22—右前车辆水平传感器；
23—左前车辆水平传感器；
24—右后车辆水平传感器；
26—左后车辆水平传感器

压缩机通过2个活塞压缩空气。

压缩第一级的活塞（小直径）与其连杆直接连在驱动轴的偏心盘上。压缩第二级的活塞（大直径）安装在压缩第一级的连杆上。因此，两个活塞共同朝着一个方向移动。在压缩第一级活塞密封期间，压缩第二级的活塞吸气。

压缩第一级产生4～6bar（1bar=10^5Pa，下同）的压力，压缩第二级提供约18bar的系统压力。一个温度模型为此构成基础。最长接通时长约4min，控制电子装置使用额外的安全功能，这项功能在最坏情况下最长6min后关闭压缩机。

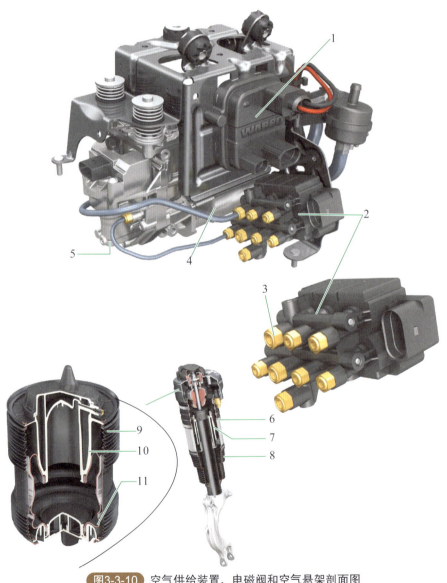

图3-3-10 空气供给装置、电磁阀和空气悬架剖面图

1—控制单元；
2—电磁阀体；
3—电磁阀；
4—电机（驱动压缩机）；
5—压缩机；
6,11—空气弹簧气囊；
7,10—旋转塞；
8,9—波纹管

3.3.3 车轮、车胎与轮胎胎压监控系统

车轮是介于轮胎和车轴之间承受负荷的旋转组件，通常由两个主要部件——轮辋和轮辐组成。轮辋是在车轮上安装和支撑轮胎的部件，轮辐是在车轮上介于车轴和轮辋之间的支撑部件。轮辋和轮辐可以是整体式的、永久连接式的或可拆卸式的。车轮除上述部件外，有时还包含轮毂。

现代的汽车几乎都采用充气轮胎。轮胎安装在轮辋上，直接与路面接触，它的作用如下。

① 和汽车悬架共同来缓和汽车行驶时所受到的冲击，并衰减由此而产生的振动，以保证汽车有良好的乘坐舒适性和行驶平顺性。

② 保证车轮和路面间有良好的附着性，以提高汽车的牵引性、制动性和通过性。

③ 承受汽车的重力，并传递其他方向的力和力矩。

因此，轮胎必须有适宜的弹性和承受载荷的能力。同时，在其与路面直接接触的胎面部分，应具有用以增强附着作用的花纹。如图3-3-11所示为空心轮辐车轮剖面图。轮胎压力监控系统如图3-3-12所示。

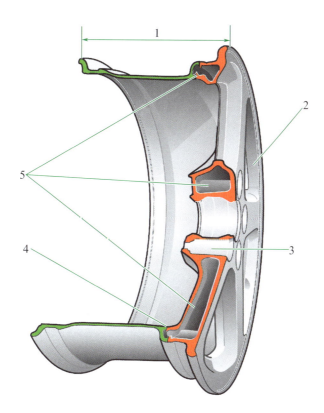

图3-3-11 空心轮辐车轮剖面图

1—开口宽度；
2—星形轮毂；
3—车轮螺栓定位件；
4—摩擦焊接点；
5—空腔

后部轮胎压力监控天线R96在第三代系统上集成在轮胎压力监控控制单元J502中。该控制单元固定在后桥副车架后侧上部横梁上，它通过扩展CAN进行通信。轮胎压力传感器和之前一样，与轮胎气门芯拧紧在轮胎内侧。当车速超过25km/h时，通过内部微动开关激活相应的传感器。

通过无线电信号传输测得轮胎压力和温度值。这根天线接收信号，控制单元分析这些信号。当车辆静止时，传感器处于停用状态。

图3-3-12 轮胎压力监控系统

1—右前车轮轮胎压力和温度电信号
2—右后车轮轮胎压力和温度电信号
3—左后车轮轮胎压力和温度电信号
4—轮胎压力传感器安装示意图
5—左前车轮轮胎压力和温度电信号
6—轮胎压力低于额定值时的报警符号

3.3.4 车身

汽车车身是驾驶人的工作场所，也是装载乘客和货物的场所。

车身应为驾驶人提供良好的操作条件，为乘员提供舒适的乘坐条件（隔离汽车行驶时的振动、噪声、废气以及恶劣气候的影响），并保证完好无损地运载货物且装卸方便。车身结构和设备还应保证行车安全和减轻事故后果。

对于轿车而言，汽车车身一般由车身本体、内外装饰件、车身附件以及车身电器和电子设备组成。对于货车和专用汽车，还包括货箱和其他专用设备。

车身本体（白车身）既是汽车承载的主体，也是一切车身部件的安装基础，通常由纵梁、横梁、立柱、加强板等车身结构件和车身覆盖件组合而成，还包括发动机舱盖、翼子板、车门和行李舱盖等，如图3-3-13所示。

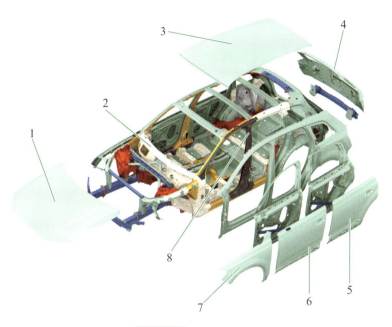

图3-3-13 奥迪Q7车身

1—发动机舱盖；
2—横梁；
3—顶部盖板；
4—行李箱盖；
5,6—车门盖板；
7—翼子板；
8—立柱

车身内、外装饰件是车身内部和外部起装饰和保护作用的零部件的总称。外饰件主要包括前后保险杠、外部装饰条、玻璃、密封条、商标标志、散热器面罩和车外后视镜等；内饰件主要包括仪表板、车门内护板以及顶棚、地板和侧壁的内饰等。

车身附件是车身中具有某些独立功能的机构和装置，包括门锁、门铰链、玻璃升降器、遮阳板、后视镜、拉手、点烟器、烟灰盒，以及座椅、安全带、安全气囊、车用空调等附属装置。

车身电器和电子设备指除用于发动机和底盘以外的所有电器和电子设备，如各种仪表及开关、照明装置、信号装置、门窗玻璃电动升降设备、音像设备、刮水器、洗涤器、除霜装置、防盗装置、导航系统等。

3.4 汽车转向系统

3.4.1 简介

汽车在行驶过程中，需按驾驶员的意愿经常改变其行驶方向，即所谓汽车转向。就轮式汽车而言，实现汽车转向的方法是，驾驶员通过一套专设的机构，使汽车转向桥（一般是前桥）上的车轮（即转向轮）相对于汽车纵轴线偏转一定角度。在汽车直线行驶时，往往转向轮也会受到路面侧向干扰力的作用，自动偏转而改变行驶方向。此时，驾驶员也可以利用这套机构使转向轮向相反的方向偏转，从而使汽车恢复原来的行驶方向。这一套用来改变或恢复汽车行驶方向的专设机构，称为汽车转向系统。因此，汽车转向系统的功用是保证汽车能按驾驶员的意愿而进行转向行驶。汽车转向系统由转向操纵机构（方向盘）、转向器、转向传动机构、转向助力机构等组成，如图3-4-1所示。

图3-4-1 转向系统组成

1—转向操纵机构（方向盘）；
2—转向传动机构（转向柱）；
3—转向执行机构（方向机）；
4—转向助力机构（助力电动机）；
5—转向助力机构油箱

3.4.2 转向器

转向器是转向系统中的减速传动装置。根据传动结构原理可分为多种类型。汽车中普遍采用的有循环球式和齿轮齿条式两种。循环球式转向器结构相对复杂，其结构和分解图如图3-4-2所示，其传动原理如图3-4-3所示；齿轮齿条式转向器的分解图如图3-4-4所示。

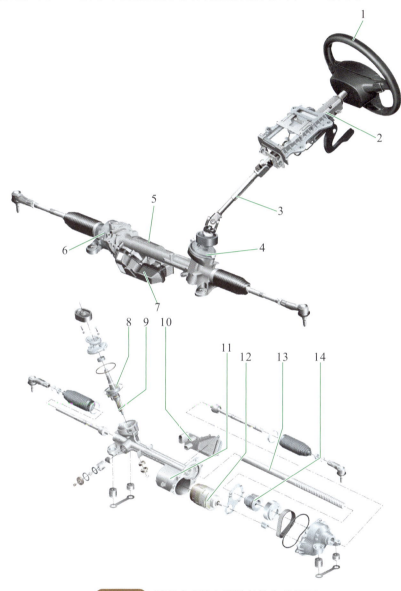

图3-4-2 循环球式转向器的结构和分解图

1—方向盘；
2—转向柱；
3—十字轴万向节轴；
4,8—转向力矩传感器；
5,12—电动机械助力转向电机；
6—转向器；
7,10—转向助力控制单元；
9—转向机构主动齿轮；
11—转向器壳体；
13—带有螺杆的齿条；
14—球循环螺母

随着循环球螺母的转动，球进入齿条的螺杆滚道内。在循环球螺母的转动中，这些球经循环通道又回到原始位置。循环球螺母有两个彼此独立的循环系统（都带有球和循环通道），这两个循环系统呈镜像布置。循环通道是必须要有的，否则这些球就会运动到止点位置，转向系统就卡死了。

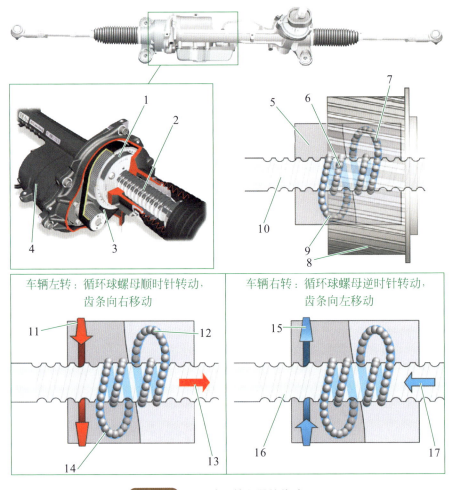

图3-4-3 循环球式转向器的传动原理

1—循环球机构；
2,10—齿条；
3—齿形皮带；
4—电动机；
5—循环球螺母；
6,12—循环球；

7,9,14—循环通道；
8—齿轮；
11,15—循环球螺母的传动方向；
13,17—齿条纵向移动；
16—螺杆滚道

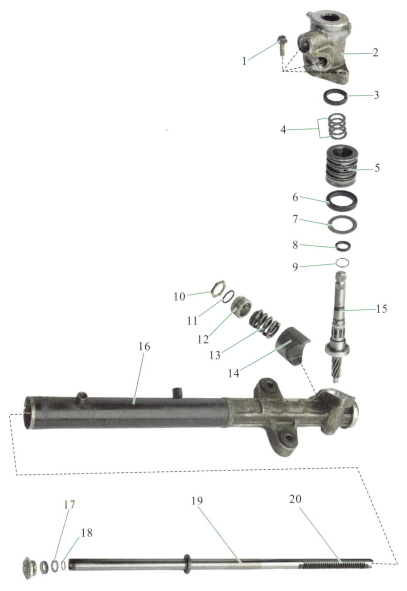

图3-4-4 齿轮齿条式转向器的分解图

1—凸缘螺栓；
2—阀毂；
3—阀油封环；
4—套筒油封环；
5—套筒；
6—阀油封；
7—背托环；
8—阀油封环；
9,11,18—O形环；
10—锁紧螺母；
12—齿条导螺母；
13—弹簧；
14—齿条导块；
15—小齿轮轴；
16—转向机外壳；
17—活塞油封环；
19—转向齿条轴；
20—转向齿条

3.5 汽车制动系统

3.5.1 简介

使行驶中的汽车减速甚至停车，使下坡行驶的汽车的速度保持稳定，以及使已停驶的汽车保持不动，这些作用统称为汽车制动。为实现汽车制动，在汽车上必须装设一系列专门装置，以便驾驶员能根据道路和交通等情况，借以使外界（主要是路面）在汽车某些部分（主要是车轮）施加一定的与汽车行驶方向相反的力，对汽车进行一定程度的强制制动。这种可控制的对汽车进行制动的外力称为制动力。这样的一系列专门装置即称为制动系统。

制动器是制动系统中用以产生阻碍车辆的运动或运动趋势力的部件。目前汽车使用的摩擦制动器可分为盘式制动器和鼓式制动器，大部分低端汽车采用前盘后鼓搭配行驶。而中高端汽车前后轮都采用盘式制动器。盘式制动器散热更快，制动性能更好。汽车制动系统布置如图3-5-1所示。

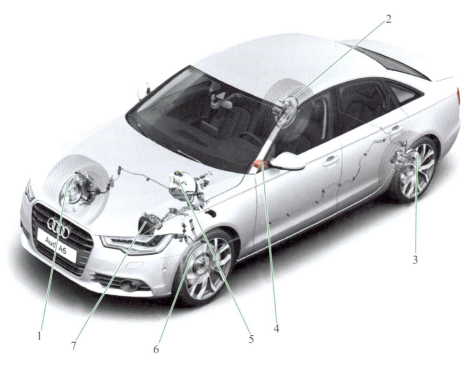

图3-5-1 汽车制动系统布置

1—右前车轮制动器；
2—右后车轮制动器（与电动机械驻车制动器EPB结合在一起）；
3—左后车轮制动器（与电动机械驻车制动器EPB结合在一起）；
4—传感器电子控制单元；
5—制动总泵；
6—左前车轮制动器；
7—ESP控制单元

3.5.2 行车制动器

行车制动器是使行驶中的汽车减速甚至停止的一套专门装置,在汽车行驶过程中是经常使用到的。

行车制动器分为盘式制动器和鼓式制动器,如图3-5-2所示。

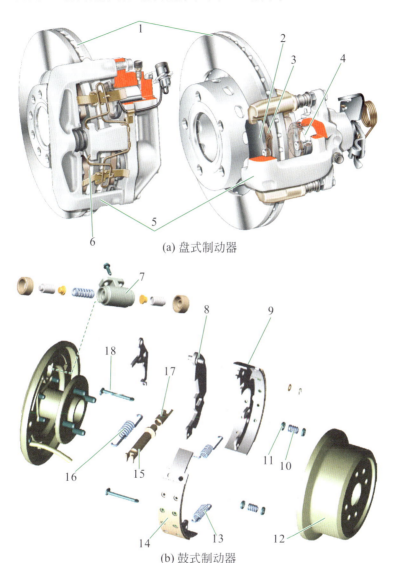

(a) 盘式制动器

(b) 鼓式制动器

图3-5-2 行车制动器

1—制动盘;
2,6—制动块;
3—摩擦片;
4—制动活塞;
5—制动钳;
7—制动分泵;
8—操纵杆;
9—制动蹄;
10—制动蹄限位弹簧座;
11—限位弹簧座;
12—制动鼓;
13—下回位弹簧;
14—制动蹄总成;
15—U形夹A;
16—制动块卡子;
17—U形夹B;
18—张紧销

3.5.3 ESP（车身电子稳定）系统

ESP（electronic stability program）系统是汽车上一个重要的系统，通常是支持ABS及ASR的功能。它通过对从各传感器传来的车辆行驶状态信息进行分析，然后向ABS、ASR发出纠偏指令，来帮助车辆维持动态平衡。ESP系统可以使车辆在各种状况下保持最佳的稳定性，在转向过度或转向不足的情形下效果更加明显。ESP系统一般需要安装转向传感器、车轮传感器、侧滑传感器、横向加速度传感器等。

ESP系统包含ABS系统（防抱死刹车系统）及ASR系统（驱动防滑转系统），是这两种系统功能上的延伸。ESP系统调节过程如图3-5-3所示。

左侧车轮处于结冰路面上，右侧车轮处于干燥路面上，右侧车轮就能够传递更大些的制动力。如果这时制动的话，就会产生一个绕汽车竖轴线的转矩，其方向是朝着摩擦系数大的那个方向。图3-5-3（a）中，制动时车辆会向右"侧滑"（偏转）。

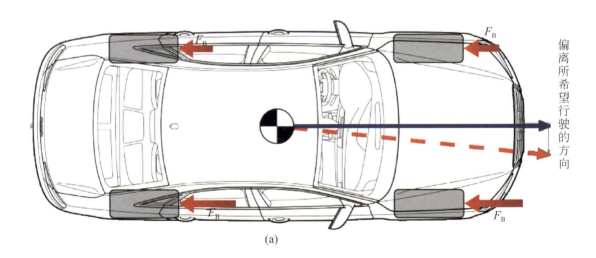

(a)

要想让车辆保持自己的行驶路线，驾驶员必须对这个偏转力矩施加一个反作用（可以向左打方向盘）以进行补偿。DSR（辅助驾驶）系统就是在这个时候为司机提供帮助的。该功能让电动机械式转向机构参与到这个偏转力矩的调节中。ABS-控制单元J104根据车速和偏转速度来确定出所需要的转向角动量。控制单元将"转向请求"发送给转向控制单元。电动机激活后，齿条会在相应方向对方向盘施加一个最大为2～3Nm的力。这个转向角动量向驾驶员表明，现在应该向哪个方向转动方向盘。

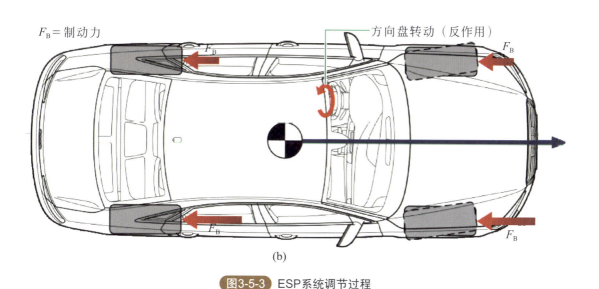

图3-5-3　ESP系统调节过程

chapter 4

汽车电气系统

- 4.1 汽车照明系统
- 4.2 汽车空调系统
- 4.3 汽车安全气囊
- 4.4 汽车电动座椅
- 4.5 汽车音响系统

4.1 汽车照明系统

4.1.1 简介

汽车照明系统是汽车安全行驶的必备系统之一。它主要包括外部照明灯具、内部照明灯具、外部信号灯具、内部信号灯具等。

汽车灯具按照功能功用划分，主要有两个种类，即汽车照明灯和汽车信号灯。

汽车照明灯按照其安装的位置及功用，可分为前照灯、雾灯、牌照灯、仪表灯、顶灯、工作灯。

汽车信号灯包括转向信号灯、危险报警灯、示宽灯、尾灯、制动灯、倒车灯。

4.1.2 前照灯

（1）前照灯结构

前照灯又叫前大灯，装于汽车头部两侧，用于夜间行车道路的照明。有两灯制和四灯制之分。每辆车安装2个或4个，装于外侧的一对应为近、远光双光束灯，装于内侧的一对应为远光单光束灯。

目前汽车上前大灯可分为普通卤素大灯（图4-1-1）、氙气大灯（图4-1-2）、LED大灯（图4-1-3）等。

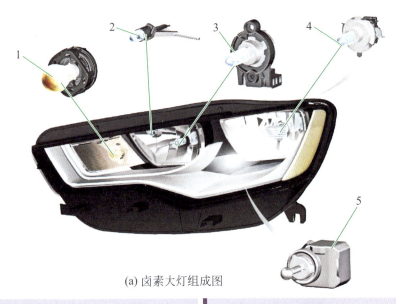

(a) 卤素大灯组成图

1—左前转向灯灯泡；
2—左侧驻车灯灯泡；
3—左侧白天行车灯灯泡及左侧远光灯灯泡；
4—左侧近光灯灯泡；
5—左侧大灯照程调节用伺服电动机

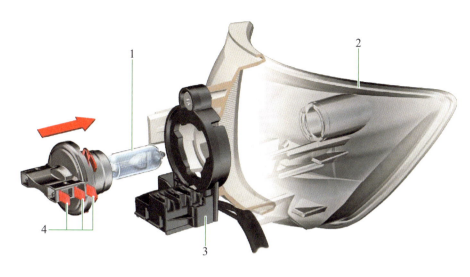

(b) 卤素大灯的远光灯（白炽灯）

2011年款奥迪A6L汽车卤素大灯上使用一个H15白炽灯来实现白天行车灯和远光灯功能。这个白炽灯是双丝的，一个灯丝的功率为15W（白天行车灯），另一个灯丝的功率为55W（远光灯）。

这个白炽灯的底座上有三个接点片，它们一方面起到触点接通的作用；另一方面也起到机械限位止点作用（指在拧入灯泡时）。

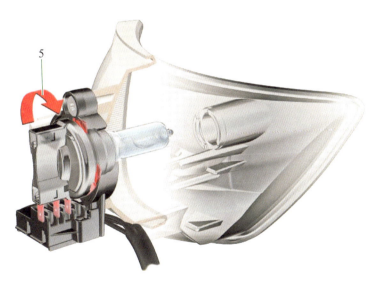

只需按顺时针方向拧1/4圈，就可让这个H15白炽灯固定并接触好。这个H15白炽灯不需要再用卡夹等来固定。

(c) 奥迪A6L卤素大灯远光灯安装

1—白炽灯；
2—反光罩；
3—带有供电接头的灯座；
4—接点片；
5—旋转90°

图4-1-1　前大灯（卤素）

在双氙气大灯上,近光灯和远光灯之间的切换是通过一个遮光板(百叶窗)来实现的,这个遮光板由一个电磁铁进行操控。这个遮光板在基本位置是向上翻起的,这时用于实现非对称近光。要想实现远光灯功能的话,需要给电磁铁通上电(激活它),于是这个遮光板就向下翻转,气体放电灯就产生出对称的远光灯束。

图4-1-2 前大灯(氙气)

1—左前转向灯;
2—左侧白天行车灯和驻车灯控制单元;
3—左侧转向照明灯;
4—左侧照程调节用伺服电机;
5—左侧气体放电灯;
6—左侧大灯功率模块;
7—左侧气体放电灯控制单元

以奥迪A6L为例介绍LED前照灯的结构与组成,如图4-1-3所示。

在近光灯工作时,带有总共12个发光二极管的9个投射模块被激活。白天行车灯的发光二极管就变暗至驻车灯状态。

在远光灯工作时,除了近光灯和驻车灯的发光二极管点亮以外,还会激活3组1×4发光二极管芯片。远光灯是通过远光灯拨杆或者远光灯辅助系统来激活的。

转向灯使用24个黄色发光二极管(LED)。在闪光过程中白天行车灯的发光二极管则关闭。

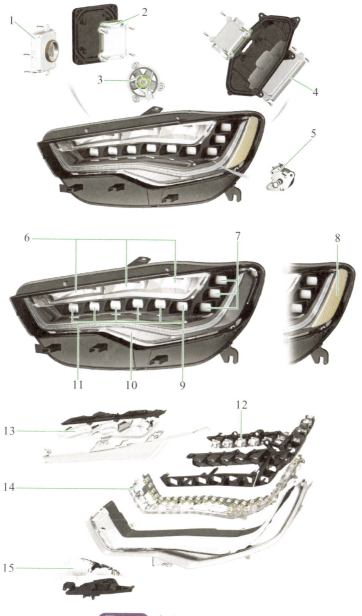

图4-1-3 奥迪A6L的LED大灯

1—左侧LED大灯功率模块2（驻车灯/白天行车灯，转向灯）；
2—左侧LED大灯功率模块3（转向照明灯）；
3—左侧大灯冷却风扇；
4—左侧LED大灯功率模块1（近光灯、远光灯，高速公路灯）；
5—左侧大灯照程调节伺服电机；
6—远光灯；
7—近光灯（非对称）；
8—边灯；
9—近光灯（对称的）；
10—转向照明灯；
11—转向灯和白天行程灯或驻车灯；
12—近光灯的9个投影模块；
13—远光灯的3个反光镜；
14—驻车灯/白天行车灯和转向灯的厚壁型光学件；
15—转向照明灯的反光镜

（2）自适应大灯及远光灯辅助系统

自适应大灯可以在转弯时对灯光进行动态调节。这种大灯的投射模块内装有一个电动机，该电动机可以在车辆转弯时在水平方向上改变灯光的照射方向。大灯的透镜和支架并不转动，灯光转动的角度在转弯方向内侧约15°，外侧约7.5°。这些角度变化可使车辆在转弯时得到更好的照明效果，可在相同灯光强度下得到最大的照亮范围。

自适应大灯系统在车速低于6km/h时不工作，当车速超过10km/h时，灯光回转的角度主要取决于方向盘转动的角度。其示意图与控制原理如图4-1-4所示。

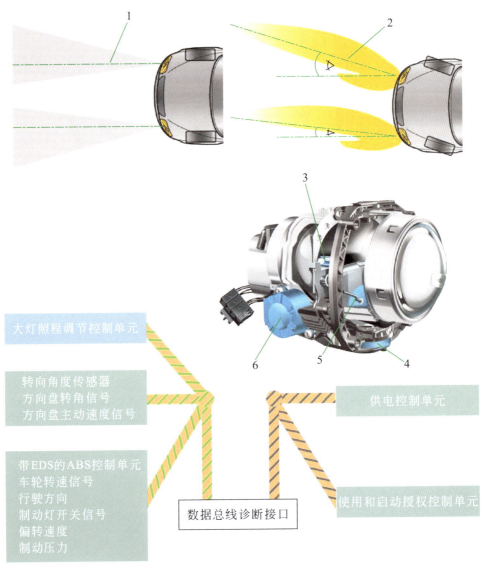

图4-1-4　自适应大灯系统示意图与控制原理

1—车辆直线行驶时灯光的投射状态；
2—汽车右转弯时灯光的投射状态；
3—气体放电灯；
4—回转模块位置传感器；
5—大灯光栅调节电磁阀；
6—转弯灯光动态调节电动机

远光灯辅助系统可以在交通和周围环境允许的情况下，始终将远光灯保持打开状态，以确保驾驶员在黑暗中驾驶时能有更清晰的视线。

当远光灯辅助系统的摄像机识别到有迎面行驶或前方行驶的车辆时，系统将及时切换到近光，以确保行车人员不感到炫目。当识别到车辆在远光灯辅助系统的探测范围内消失时，又重新自动切换到远光。其工作模式如图4-1-5所示。

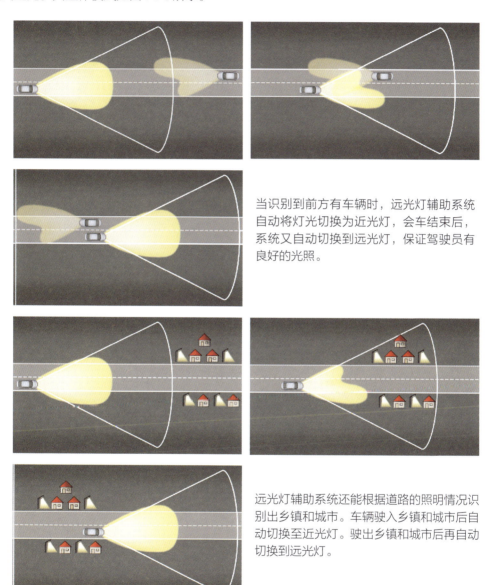

当识别到前方有车辆时，远光灯辅助系统自动将灯光切换为近光灯，会车结束后，系统又自动切换到远光灯，保证驾驶员有良好的光照。

远光灯辅助系统还能根据道路的照明情况识别出乡镇和城市。车辆驶入乡镇和城市后自动切换至近光灯。驶出乡镇和城市后再自动切换到远光灯。

图4-1-5 远光灯辅助系统工作模式

远光灯辅助系统可以确保远光灯达到最长的开启时间，为驾驶员提供更好的灯光照射条件。远光灯辅助系统需要灯光开关开启。如要开启该模式，车灯开关必须放在"AUTO"位置上，然后将远光灯拨杆向前推即可激活。如要关闭该模式，车灯开关旋出"AUTO"位置，远光灯辅助系统持续关闭。远光灯拨杆以及系统组件安装位置如图4-1-6所示。

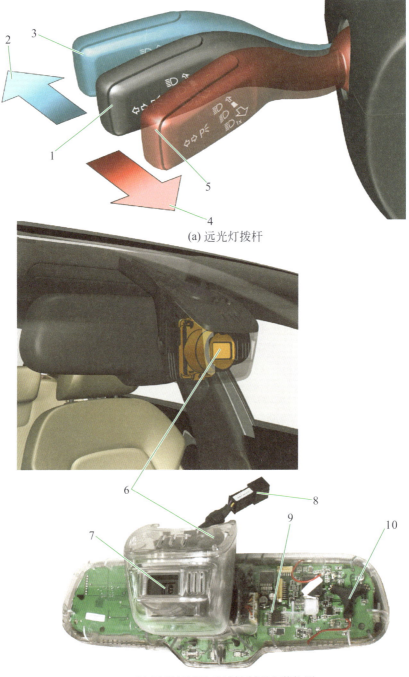

(a) 远光灯拨杆

(b) 远光灯辅助系统控制器安装位置

图4-1-6 远光灯拨杆及系统组件安装位置

1—远光灯拨杆未被操纵时的位置；
2—远光灯拨杆向前推；
3—远光灯拨杆向前推后的位置；
4—远光灯拨杆向后拉；
5—远光灯拨杆向后拉后的位置；
6,7—远光灯辅助系统摄像头及控制模块；
8—连接插头（连接车内后视镜/汽车电子系统）；
9—远光灯辅助系统控制器；
10—车内后视镜内的罗盘传感器

4.2 汽车空调系统

4.2.1 简介

汽车空调是指用于把汽车车厢内的温度、湿度、空气清洁度及空气流动调整和控制在最佳状态，为乘员提供舒适的乘坐环境，减少旅途疲劳；为驾驶员创造良好的工作条件，对确保安全行车起到重要作用的通风装置。一般由冷凝器、储液罐、压缩机、高低压管路、蒸发器、膨胀阀等组成，如图4-2-1所示。

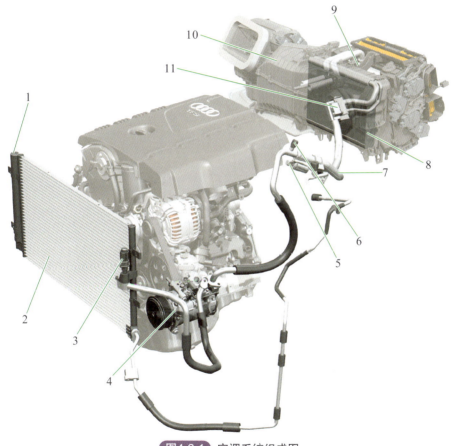

图4-2-1 空调系统组成图

1—储液罐（带有干燥罐）；
2—冷凝器；
3—制冷剂压力和温度传感器；
4—压缩机；
5—快速接头；
6—保养接头；
7—制冷剂管；
8—蒸发器；
9—空调器；
10—空气进气箱；
11—膨胀阀

4.2.2 汽车空调原理

根据自然现象，任何物质被冷却后，那么它一定会放出热量。为此在车上使用一种压缩式制冷装置。制冷剂在封闭的管路中循环流动，并不断地在液态和气态之间来回转换。其原理是，将气体压缩；通过放出热量使气体液化（冷凝）；在吸收热量的情况下，通过减压来使液体气化，如图4-2-2所示。

这不是制冷，而是抽走车内空气中的热量。

压缩机抽取凉的低压气态制冷剂。制冷剂在压缩机内被压缩，温度也就升高。这样的制冷剂被压入循环管路中（高压侧，在这个阶段，制冷剂是气态的，并处于高温、高压下）。

制冷剂经过很短的路程进入冷凝器（液化器）内。冷凝器内已被压缩且变热的气体被流过的空气（迎风空气和风扇空气）带走了热量。在达到由压力决定的露点时，制冷剂气体就开始冷凝，也就变成了液体（在这个阶段，制冷剂是液态的，压力高，温度为中等）。

液态的压缩后的制冷剂继续流到一个狭窄点处，这个狭窄点可能是一个节流阀或者是一个膨胀阀。制冷剂在这里被喷入蒸发器内，于是压力降低（低压侧）。

在蒸发器中，喷入的液态制冷剂卸压并蒸发（气化）。为此所需要的气化热从流经蒸发器薄片的热新鲜空气中获取，于是空气温度降下来，因而车内就变得凉快（在这个阶段，制冷剂是蒸汽状态的，压力低且温度低）。

又变成气态的制冷剂从蒸发器中流出。它被压缩机再次抽取，重新在环路中流动（在这个阶段，制冷剂又变成气态，压力低，温度也低）。

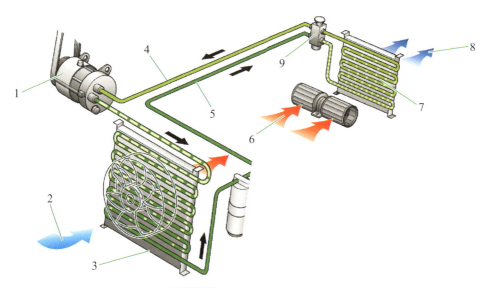

图4-2-2 空调系统制冷原理

1—压缩机；
2—冷却空气；
3—冷凝器；
4—低压侧；
5—高压侧；
6—热的新鲜空气；
7—蒸发器；
8—被冷却了的新鲜空气；
9—膨胀阀

（1）带有膨胀阀的制冷剂回路（图4-2-3）

制冷循环管路中的压力和温度总是取决于瞬时的工作状态，所给出的数据只能作为参考值。

这些值是在这种情况下获得的：在20℃的环境温度中停放了20min后且发动机转速为1500～2000r/min；在20℃且发动机不运转时，制冷剂循环管路中作用有0.47MPa（4.7bar）的过压。

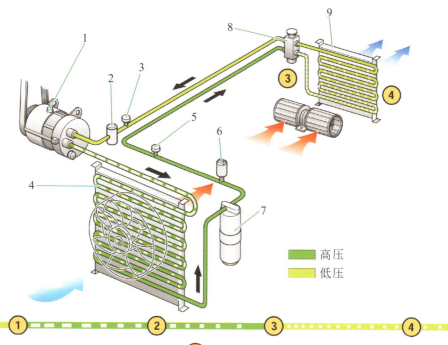

① 压缩，约1.4MPa，温度约65℃
② 冷凝，约1.4MPa，温度降低10℃
③ 膨胀，1.4～0.12MPa，温度55～-7℃
④ 气化（蒸发），约0.12MPa，温度约-7℃

图4-2-3 带有膨胀阀的制冷剂回路

1—压缩机；
2—阻尼器；
3—低压维修接头；
4—冷凝器；
5—高压维修接头；
6—高压开关；
7—储液干燥罐；
8—膨胀阀；
9—蒸发器

（2）空调压缩机

斜盘式轴向柱塞压缩机为目前常用的压缩机。空调压缩机剖面图及其工作原理如图4-2-4所示。驱动轴的旋转运动由斜盘转换成轴向运动（等于活塞的升程）。根据结构形式的不同可以使用3～10个活塞，这些活塞以驱动轴为中心布置在其周围，每个活塞配备一个吸/压阀。驱动轴的旋转运动被传到驱动毂，经斜盘转换成活塞的轴向运动。斜盘可在导轨内纵向滑动。斜盘的倾斜状态是可变的，于是活塞的行程也就可变，那么输出功率（制冷能力）也就可变。

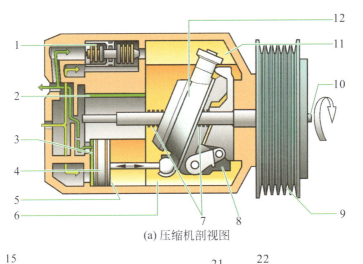

(a) 压缩机剖视图

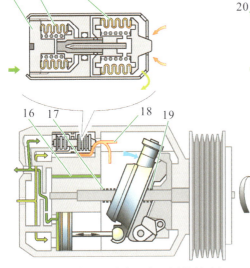

波纹管2被高压压靠在一起。波纹管1也被相对较高的低压压靠在一起。调节阀打开，腔压通过低压侧来卸压。活塞上面的低压与弹簧1的力的合力大于活塞下面的腔压和弹簧2的力的合力。于是斜盘的倾斜度就变大（行程增大），输出功率提高。

(b) 制冷能力强时的高功率输出

波纹管2舒展开。相对较低的低压使得波纹管1也舒展开。调节阀关闭。低压侧因腔压而关闭。腔压经校准节流孔而增大。活塞上面的低压与弹簧1的力的合力小于活塞下面的腔压和弹簧2的力的合力。于是斜盘的倾斜度就变小（行程减小），输出功率降低。

(c) 制冷能力低时的低功率输出

图4-2-4　空调压缩机剖面图及其工作原理

1,13,20—调节阀；
2—校准用节流孔；
3—活塞上部；
4—活塞；
5—活塞下部；
6,18,25—腔压；

7—弹簧1和2；
8—驱动毂；
9—电磁离合器；
10—驱动轴；
11—导轨；
12—斜盘；

14,21—波纹管1；
15,22—波纹管2；
16,23—节流孔；
17,24—弹簧1；
19,26—弹簧2

（3）空调系统其他组件（图4-2-5）

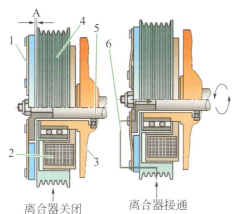

电磁线圈与压缩机壳体刚性连接在一起。弹簧片和皮带轮之间有一个间隙"A"。
电磁线圈中就有电流流过产生磁场，该磁场将弹簧片拉靠到旋转着的皮带轮上（这时间隙"A"就不存在了），皮带轮和压缩机的驱动轴之间建立起了力的传递关系。这时压缩机就开始工作了。

(a) 空调压缩机电磁离合器

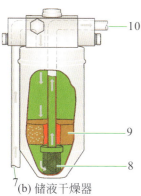

制冷剂储液罐作为制冷剂的膨胀罐和存储罐。从压缩机来的液态制冷剂从侧面进入制冷剂储液罐，在这里汇集并流过干燥器，再经立管以不间断、无气泡液流状态流向膨胀阀。

(b) 储液干燥器

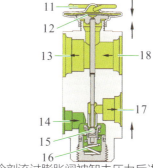

制冷剂流过膨胀阀被卸去压力后进入蒸发器。

(c) 膨胀阀

节流阀就是制冷剂循环管路中高压侧和低压侧的"分界点"。上游的制冷剂是暖的且处于高压状态。制冷剂流过节流阀后，压力迅速下降，制冷剂变成低压且冷的状态。

(d) 节流阀

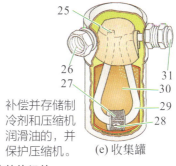

补偿并存储制冷剂和压缩机润滑油的，并保护压缩机。

(e) 收集罐

图4-2-5 空调系统其他组件

1—带有毂的弹簧片；
2—电磁线圈；
3—压缩机壳体；
4—带有轴承的皮带轮；
5—压缩机的驱动轴；
6—力的走向；
7—来自冷凝器；
8—滤网；
9—干燥器；
10—流向膨胀阀；
11—带有传感器导线和制冷剂的恒温器；
12—膜片；
13—去往压缩机（低压）；
14—来自压缩机（高压）；
15—球阀；
16—调节弹簧；
17—去往蒸发器（低压）；
18—来自蒸发器（低压）；
19—去往蒸发器；
20—雾化网；
21—箭头指向蒸发器；
22—O形环；
23—校准孔；
24,27—过滤网；
25—气态制冷剂吸入点；
26—来自蒸发器；
28—压缩机润滑油孔；
29—U形管；
30—干燥剂；
31—去往压缩机

4.3 汽车安全气囊

安全气囊系统是一种被动安全性（见汽车安全性能）的保护系统，它与座椅安全带配合使用，可以为乘员提供有效的防撞保护。汽车相撞时，汽车安全气囊可使头部受伤率减少25%左右，面部受伤率减少80%左右。

现代的汽车一般标配驾驶员侧和副驾驶员侧安全气囊。高档汽车还添加了侧面安全气帘、膝部安全气囊、头部安全气囊等，并且安装有多个传感器，座椅占用识别传感器可保证没有乘员的座椅安全气囊不会弹出。安全气囊系统剖视图如图4-3-1所示，其系统示意图如图4-3-2所示，安全气囊引爆器如图4-3-3所示。

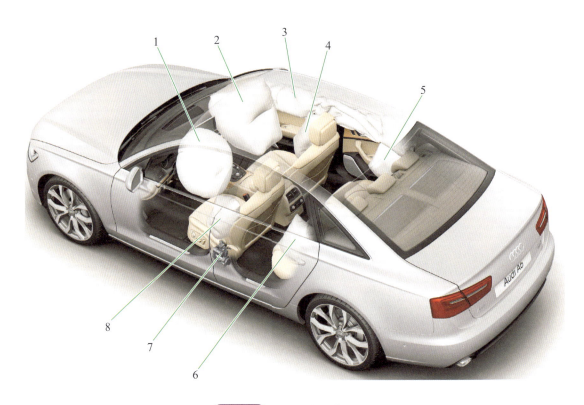

图4-3-1 安全气囊系统剖视图

1—驾驶员侧自适应式安全气囊；
2—副驾驶员侧自适应式安全气囊；
3—头部安全气囊；
4—侧面安全气囊（副驾驶员侧）；
5—侧面安全气囊（右后乘客侧）；
6—侧面安全气囊（左后乘客侧）；
7—驾驶员侧安全带预紧装置；
8—侧面安全气囊（驾驶员侧）

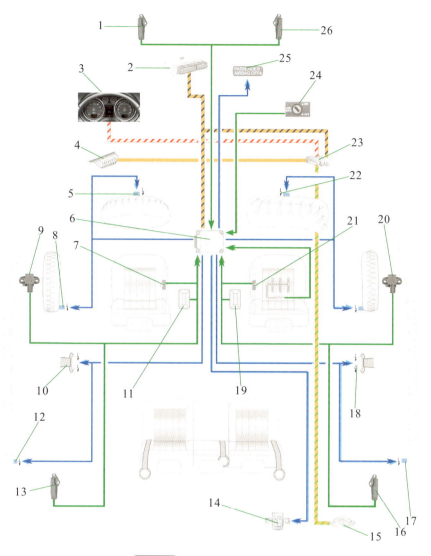

图4-3-2 安全气囊系统示意图

1—司机正面安全气囊碰撞传感器（左侧车头）；
2—发动机控制单元；
3—组合仪表内控制单元，安全带警告指示灯，安全气囊指示灯；
4—诊断接口；
5—驾驶员安全气囊点火器1,2；
6—安全气囊控制单元；
7—驾驶员座椅位置传感器；
8—驾驶员侧面安全气囊点火器；
9—驾驶员侧的侧面安全气囊碰撞传感器（驾驶员车门）；
10—驾驶员安全带张紧器点火器1,驾驶员安全带限力器；
11—驾驶员安全带开关；
12—驾驶员头部安全气囊点火器；
13—左后座侧面安全气囊碰撞传感器（C柱）；
14—蓄电池切断装置点火器；
15—舒适系统中央控制单元；
16—右后座侧面安全气囊碰撞传感器（C柱）；
17—副驾驶员头部安全气囊点火器；
18—副驾驶员安全带张紧器点火器1,副驾驶员安全带限力器；
19—副驾驶员安全带开关；
20—副驾驶员侧的侧面安全气囊碰撞传感器（副驾驶员车门）；
21—副驾驶员座椅位置传感器；
22—副驾驶员安全气囊点火器1,2；
23—数据总线诊断接口（网关）；
24—副驾驶员安全气囊关闭钥匙开关；
25—副驾驶员安全气囊关闭指示灯；
26—副驾驶员正面安全气囊碰撞传感器（右侧车头）

安全气囊引爆器是一种单级固体燃料气体发生器。引爆器由安全气囊控制器激活,并引燃引爆材料。

引爆材料的燃烧使得壳体内的压力升高,直至破碎,然后通过喷嘴孔引爆材料。

当燃料燃烧产生的气体压力超出规定数值时,薄膜打开流出口,由此开放通过金属滤网至气囊的通道,气囊被展开并充入气体。

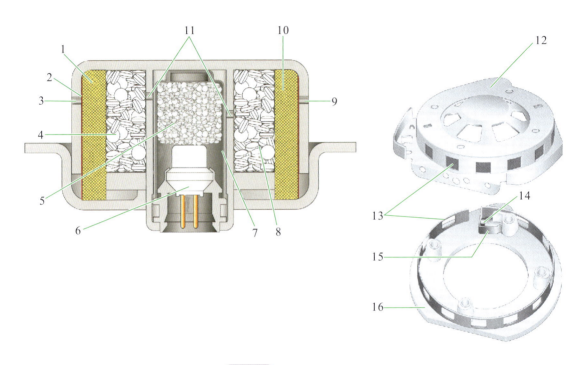

图4-3-3 安全气囊引爆器

1,10—金属滤网;
2—薄膜;
3—流出口;
4—燃料;
5—引爆材料;
6—引爆器1;
7—壳体;
8—燃料;
9—流出口;
11—喷嘴孔;
12—分配器壳体;
13—控制环;
14—引爆器2;
15—固定夹;
16—底板

4.4 汽车电动座椅

汽车座椅是汽车驾驶员及乘员乘坐的装置。目前汽车的座椅都具有多方向可调功能，乘员可操作操纵按钮进行前后、高低以及靠背的调节。有些高档汽车座椅还具有通风加热功能。奥迪汽车标准和舒适性座椅如图4-4-1所示。

标准型座椅带有电动可调的机械式腰部支撑，并且在靠背和座椅面中分别装配了两个风扇。

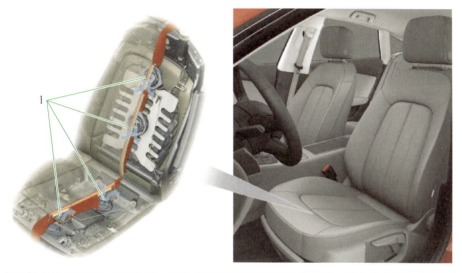

舒适性座椅带有气动腰部支撑、气动座椅宽度调节和气动靠背宽度调节的多段气压调整，在靠背和座椅面中分别装配了一个风扇，采用抽吸式座椅通风系统。

图4-4-1 奥迪汽车标准和舒适性座椅

1—四个吹气式风扇；　　2—两个吸气式风扇

4.5 汽车音响系统

汽车音响系统是为减轻驾驶员和乘员旅行中的枯燥感而设置的收放音装置。最早使用的是汽车调幅收音机，后来是调幅调频收音机、磁带放音机，发展至CD放音机和兼容DCC、DAT数码音响。现在汽车音响无论在音色、操作和防振等各方面均达到了较高的标准，能应付汽车在崎岖的道路上颠簸，保证性能的稳定和音质的完美。汽车音响系统如图4-5-1所示。

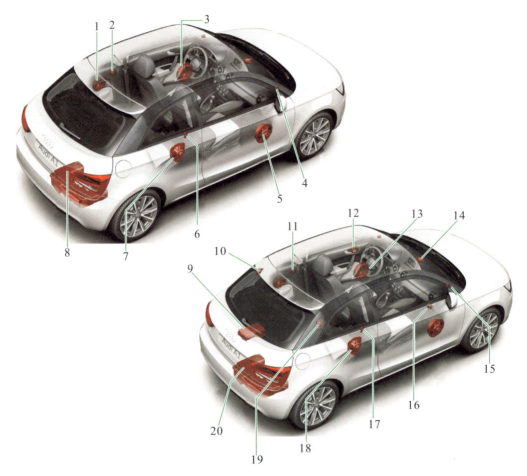

图4-5-1 汽车音响系统

1—左后中低音扬声器；
2—左后高音扬声器；
3—左前中低音扬声器；
4—右前高音扬声器；
5—右前中低音扬声器；
6—右后高压扬声器；
7—右后中低音扬声器；
8—低音扬声器；
9—数字组合音响控制单元；
10—效果扬声器；
11—左后高音扬声器；
12—左前中音扬声器；
13—左前低音扬声器；
14—中央扬声器（环绕立体声音响）；
15—右前高音扬声器；
16—右前中音扬声器；
17—右后高音扬声器；
18—右后中低音扬声器；
19—效果扬声器；
20—低音扬声器